南　　京　　不　　会　　忘　　记

NANJING WILL NEVER FORGET

南京出版传媒集团
南京出版社

罗伯特·威尔逊

ROBERT O. WILSON

姜良芹 著

图书在版编目（CIP）数据

罗伯特·威尔逊 / 姜良芹著. -- 南京：南京出版社，2016.12

（南京不会忘记）

ISBN 978-7-5533-1593-5

Ⅰ. ①罗… Ⅱ. ①姜… Ⅲ. ①罗伯特·威尔逊—生平事迹 Ⅳ. ①K837.126.2

中国版本图书馆CIP数据核字（2016）第278613号

丛 书 名：南京不会忘记
书　　名：罗伯特·威尔逊
作　　者：姜良芹
出版发行：南京出版传媒集团
南 京 出 版 社
社址：南京市太平门街53号　　邮编：210016
网址：http://www.njcbs.cn　　电子信箱：njcbs1988@163.com
淘宝网店：http://njpress.taobao.com　　天猫网店：http://njcbcmjtts.tmall.com
联系电话：025-83283893、83283864（营销）　025-83112257（编务）

出 版 人：朱同芳
出 品 人：卢海鸣
责任编辑：王松景　徐　智
装帧设计：朱赢椿　杨杰芳
责任印制：杨福彬

排　　版：南京新华丰制版有限公司
印　　刷：南京玉河印刷厂
开　　本：787毫米×1092毫米　1/32
印　　张：4.5
字　　数：72千
版　　次：2016年12月第1版
印　　次：2016年12月第1次印刷
书　　号：ISBN 978-7-5533-1593-5
定　　价：15.00元

淘宝网店　天猫网店

编委会

总 序 PREFACE

如果说，一个惨痛的事件近80年来一直被人们铭记，那是因为我们拒绝这样的事件再次发生。1937年12月13日，南京沦陷。日军侵占南京后在短短数周内屠杀放下武器的中国士兵和平民超过30万之众，超过两万名妇女被强奸，无数的公私财物遭到破坏。南京大屠杀成为南京这座城市的痛史，也成为全世界、全人类的一页痛史。

如果说，一些人在时光流逝了近80年后，一直没有被忘怀，那是因为他们在灾难面前表现出悲天悯人的情怀。在南京大屠杀的血雨腥风里，一批国际义士以担当、坚守与抗争诠释了人性的光辉。他们设立国际安全区，竭尽所能保护了20多万难民。

正如金陵女子文理学院美籍教授魏特琳曾在日记中记载："我觉得我在金陵女子文理学院18年的经历，以及与邻居14年的交往经验，使我能够担负起一些责任，这也是我的使命，就像在危险之中，男人们不应弃船而去，女人也不应丢弃她们的孩子一样。"而当时留在南京的美国人乔治·费奇也曾经说过："我生于中国，半生服务又在中国，所以中国已成为我的第二故乡。我在中国服务，也是在为我的祖国服务，同时也是为人类正义与民主和平而服务。"

滴水之恩，当涌泉相报。中国人民没有忘记这些国际义士。2014 年 12 月 13 日，习近平总书记在首次南京大屠杀死难者国家公祭仪式上说：“令人感动的是，在南京大屠杀那些腥风血雨的日子里，我们的同胞守望相助、相互支持，众多国际友人也冒着风险，以各种方式保护南京民众，并记录下日本侵略者的残暴行径。他们中有德国的约翰·拉贝、丹麦的贝恩哈尔·辛德贝格、美国的约翰·马吉等人。对他们的人道精神和无畏义举，中国人民永远不会忘记。”

在第三个南京大屠杀死难者国家公祭日来临之际，侵华日军南京大屠杀遇难同胞纪念馆、南京出版社组织专家编撰出版了“南京不会忘记”丛书。丛书采用第三方人士的独特视角，借助大量的中、美、德等国的原始文献、书信、日记，再现了国际义士们的勇敢和大义。相信此套丛书的出版，不仅仅是单纯讲述历史，更是为了记住在黑暗中的人性光芒，在人间炼狱中的一抹温暖。

让我们铭记：美国人约翰·马吉、乔治·费奇、明妮·魏特琳、米讷·舍尔·贝德士、罗伯特·威尔逊、刘易斯·史迈士、米尔士、特里默、格瑞斯·鲍尔、伊娃·海因兹、麦卡伦、休伯特·索恩、欧内斯特·福斯特、里格斯、约翰·摩尔·阿利森、埃斯皮、麦克法恩、阿契包德·斯蒂尔、弗兰克·德丁、查尔斯·麦克丹尼尔、阿瑟·孟肯，德国人约翰·拉贝、克勒格尔、曹迪希、黑姆佩尔、爱德华·施佩林、卡尔·京特、格奥尔格·罗森、许尔特尔、沙尔芬贝格，丹麦人贝恩哈尔·阿尔普·辛德贝格，英国人莱利斯·史密斯，奥地利人哈茨，白俄人波德希沃洛夫、齐阿尔……

南京不会忘记！

中共江苏省委常委、宣传部部长　王燕文

引 言　　FOREWORD

南京鼓楼医院美籍外科医生罗伯特·威尔逊（Robert O. Wilson）是侵华日军南京大屠杀时期留守南京的22位西方人士中比较特殊的一位。威尔逊虽是美国人，却出生在南京，并在南京度过了童年和少年时光。在美国完成高等教育后，他又返回南京，在南京的金陵大学鼓楼医院担任外科医生。可以说，南京是威尔逊生于斯、长于斯的故土，其意义非同一般。

在日军对南京长达4个月的大轰炸中，威尔逊始终坚守岗位，积极救治平民和伤兵。空袭来临时，多次不顾个人安危，继续为病人做手术。南京沦陷前夕，国民政府决定迁都重庆，视中国人为同胞的威尔逊毫不犹豫地选择留守南京，与南京难民一起共渡难关。

从1937年12月3日起直至1938年2月21日，威尔逊是南京城内唯一的外科医生。由于职业的关系，威尔逊责任尤为重大。在日军进行大屠杀的黑暗日子里，威尔逊成为地球上工作最繁忙的医生，救治了李秀英等一批遭受日军枪击、刺伤、烧伤、强奸的中国受难难民。由于长期的精神压力和超负荷工作，威尔逊的身体健康遭到了严重的透支，其后半生几乎是在病痛中度过的。

在战后的东京审判中，威尔逊作为日军南京大屠杀案的目击证人，率先出庭作证。作为一名美国医生，他的第三方身份和医生背景使他的证词更具说服力，有力地证明了日军在南京犯下的一系列暴行，经威尔逊亲手救治下来的梁庭芳、伍长德等人也成为东京审判的重要证人。他们以如山的铁证，把南京大屠杀的主犯送上了绞刑架。

目 录　　CONTENTS

罗伯特·威尔逊　Robert O. Wilson

吾乡金陵

威尔逊与妻子马乔里

威尔逊祖孙三代的大家庭

罗伯特·威尔逊（Robert O. Wilson），中文名字韦如柏，1906年10月5日出生在中国南京一个传教士家庭。这是一个洋溢着书香气息的家庭，与威尔逊一起生活的有他的祖母、父亲威尔伯·威尔逊、母亲玛丽·萝内、姐姐茱莉亚和弟弟富兰克林。

威尔逊的父亲是威尔伯·威尔逊（Wilbur F. Wilson），中文名叫韦理生，威尔伯不仅是一名传教士，也是一位致力于中国教育的先驱者。自1910年金陵大学创办附属中学起，他就开始担任这所学校的校长，长达14年之久，其间还曾担任金陵大学外国文学系首任主任。在学校任教期间，学生给威尔伯起了个绰号，叫“威菩萨”或“威尔逊尊神”。威尔逊的母亲玛丽·萝内（Mary Rowley Wilson）是一位受过大学教育的希腊学者，可以流利地说好几种语言，她曾在南京为传教士子女开办了一所学校。

另外，威尔逊的姨夫是约翰·福开森（John Ferguson）先生。福开森，即福茂生，是西方来华的著名教育家之一，曾参与创办金陵大学的前身汇文书院，并担任首任院长。南京大屠杀期间他是上海救援南京委员会主席团成员之一，南京国际安全区能够保障难民的生活物资供应，多依靠他在上海奔走募捐。

威尔逊的大家庭对他有着很深的影响，在威尔逊返回南京工作后，威尔逊的家人经常与他保持通信联系；当战争的硝烟漫布南京的时候，家信也成为威尔逊重要的精神支柱。

少年时代，威尔逊还有幸成为赛珍珠（诺贝尔文学奖得主）的学生。这种优良的家庭条件，与南京浓厚的人文氛围，为童年的威尔逊提供了良好的教育环境。1906 年到 1922 年的 16 年中，威尔逊一直生活在南京，可以说威尔逊是一个土生土长的南京人。由于长期生活在南京，威尔逊对南京这片土地有着深厚的感情，这正是威尔逊与大多数居住在南京的外国人最大的不同之处。

威尔逊与同学合影

1923 年，17 岁的威尔逊离开南京，进入美国普林斯顿大学深造。大学毕业后，他在康涅狄格州一所高中教了两年的拉丁语和数学。后来他又考入哈佛大学医学院，于 1929 年取得医学博士学位。在哈佛大学读书期间，他曾在纽约的同仁医院（St. Luke）实习，在那里他结识了医院的护士长马乔里（Marjorie Wilson）。20 世纪 80 年代马乔里在回忆威尔逊大学生活时说道："他获得了哈佛大学全额奖学金，每个学期末，哈佛大学会给他一笔奖学金，而且奖学金数目很大，在普林斯顿和哈佛大学上学期间，他积极参加了很多俱乐部，获得了很多荣誉，他真的是一个很了不起的人。"

一个人早年的经历影响着其人生的许多重要选择。

威尔逊与妻子马乔里

对威尔逊而言，在南京成长的那段经历，以及南京所特有的气息都深深地印刻在他的脑海中。虽然威尔逊整个家庭都已经回到美国，但出于对中国、对南京的热爱，他决定回到自己的出生地工作。1935 年，他获准在金陵大学附属的鼓楼医院工作。1936 年 1 月，威尔逊回到南京，成为鼓楼医院的一名外科医生。临行前，威尔逊与马乔里缔结了婚约。

金陵大学鼓楼医院，简称鼓楼医院，是南京第一所西医医院，也是中国最早的西医医院之一。1886 年初，加拿大籍医师威廉姆·爱德华·麦克林（W. E. Macklin）受基督会派遣来到南京传教，取中文名马林。1887 年，马林得到美籍传教士基督书院院长美在中（F. E.

鼓楼医院马林塑像

Meigs）的帮助，获国人景维行捐50余亩地，并凭善士庄效贤等慨助款项建造医院，于1890年开始兴建一座砖木结构四层楼房，1892年底落成，命名为基督医院，由马林出任首任院长。1911年金陵大学开设医科，基督医院成为金陵大学医科的教学医院。1914年元旦，金陵大学医科董事部与大学理事部会商，出价27000元金洋购进基督医院，更名为金陵大学鼓楼医院。1918年医院开办高级护士学校。至1919年，鼓楼医院已有床位100张，年收治住院病人1747人次，门诊25275人次。

南京国民政府成立后，加强对医疗卫生事业的建设。到1936年6月，南京市有西医师315人，中医287人，

战前的南京新街口

药剂师（生）47人，助产士82人，接生婆71人，医院30家，床位1153张，中药店114家，卫生所15所。1936年4月，威尔逊获得国民政府卫生署颁发的医师证书，编号为外字第三百八十一号。

1936年5月，妻子马乔里来到南京与威尔逊团聚。此时的南京，经过十年的首都建设，已经成为人口超过100万的大都市。当威尔逊夫妇在南京城内游览时，眼前的一切让他们引以为傲：美轮美奂的建筑，井然有序的街道，车水马龙的商业区、琳琅满目的日用百货店以及风光旖旎的景区。

1936 年南京中华路商业街

由于在南京度过了整个青少年时期，威尔逊会说一口流利的汉语。工作中，他可以和病人自由交谈。业余时间，他会阅读中国古典名著。在医院附属护士学校讲课中，他能写出中英文对照的讲义。这对于当时在南京的外国人来说已经很不一般，然而，威尔逊对此并不满足，为了更加深入地了解中国文化，融入南京，他专门请了一位中文老师王先生指导自己学习中文。即便在日军频繁轰炸南京，随时处于险境的情况下，威尔逊学习中文的热忱也没有丝毫消退。

受家庭影响，威尔逊也是一名虔诚的基督徒。从美国归来后，他还开始承担起传教士的责任，并很快融入

修缮的原金陵大学小礼堂

南京的传教士群体中。据 1935 年的统计，当时南京基督教徒有 2387 人，其中男教徒 1277 人，女教徒 1110 人。在南京影响较大的基督教教派有长老会、卫理公会、浸礼宗的中华基督会、基督教贵格会、中华圣公会和基督复临安息日会。威尔逊经常去特威纳姆教堂（金陵大学小礼堂——现存南京大学北园内）参加礼拜，偶尔也会主持礼拜。威尔逊曾在 1937 年 10 月 24 日的日记里写道：“……然后我们去特威纳姆礼拜堂听约翰·马吉传教。下星期天又轮到我了，迄今我还没有想好传达什么神示。如果我要多次主持礼拜，我就不得不请爸爸给我一些布道的建议了。”10 月 31 日，威尔逊在特威纳姆教堂主

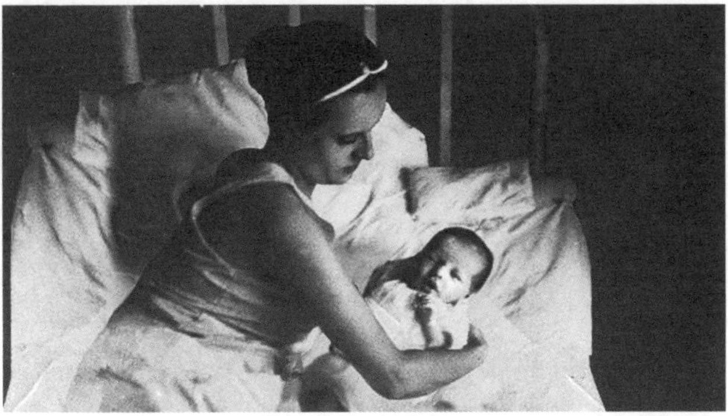

马乔里与刚出生的伊丽莎白

持礼拜，“今天下午，我在布道时多数时间是在读……里的片段。我收集了一些诗歌和段落来指明如何面对失败和绝望”。

对威尔逊夫妇而言，回到南京后的头两年或许是他们一生中最美好的时光。正如华裔作家张纯如在《南京浩劫：被遗忘的大屠杀》一书中所写到的那样：

> 生活节奏舒缓而迷人——与其他传教士夫妇共进晚餐，出席外国大使馆的招待会和优雅的茶话会，在宽敞的乡间别墅聚会，有许多私人厨师和佣人。在晚上，威尔逊阅读中国原版古典作品，并跟私人家教学习中文以扩大他的中文知识。每周三下午休

息去打网球。有时他和妻子一道去玄武湖，并在小船上用餐，泛舟于荷花莲蓬之间，呼吸着沁人心脾的芳香。

1937 年 6 月 28 日，威尔逊夫妇的第一个孩子伊丽莎白在鼓楼医院出生。新生命的诞生，让威尔逊夫妇充满喜悦，美好的日子本该一天天持续下去。然而，战争的到来，打破了这份平静和安宁的生活。1937 年七七事变后，日本展开全面侵华战争，并于 1937 年 8 月 15 日开始对南京展开疯狂轰炸。

故土难离

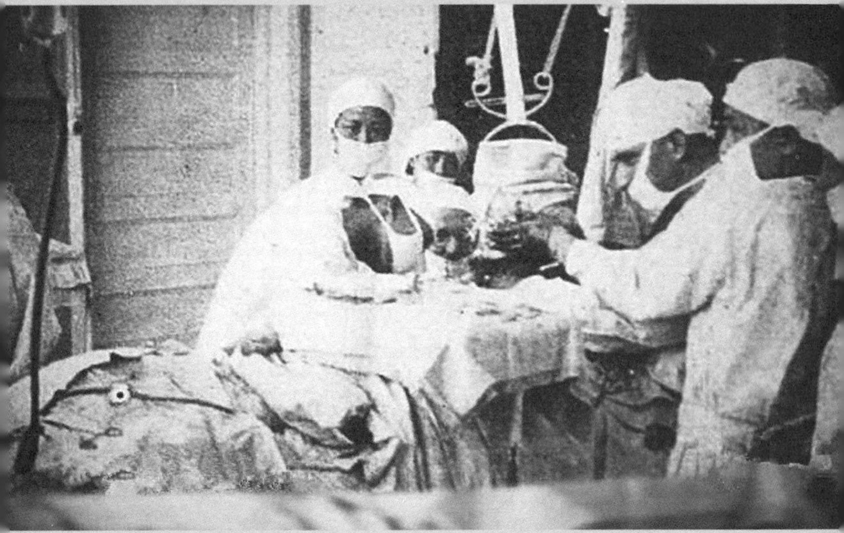

威尔逊正在为伤员做手术

轰炸南京的日机机群

1937 年 8 月 13 日淞沪会战爆发，侵华日军为配合军事进攻上海，打击南京国民政府及中国人民的抗战信念，从 8 月 15 日起对首都南京展开了长达 4 个月的大轰炸。这不仅让威尔逊经受了生活物资短缺和家庭分离的痛苦，而且让他随时处于轰炸险境。如此险恶的环境下，威尔逊却始终坚守职责，积极救治平民和伤兵，几次不顾危险，在空袭中坚持为病人做手术，同时投身于战时医疗公共服务。最后在南京沦陷前夕，视中国人为同胞的威尔逊毅然选择留守南京，与南京难民一起共度时艰。从首次空袭起，威尔逊就开始写日记体书信，记录自己在南京的见闻，为侵华日军在南京的一系列罪行存证。

1937 年 8 月 15 日上午，刚结束诊疗的威尔逊，在开车回家的路上，看到市民正纷纷逃往防空洞，他意识到空袭开始了。回到家时，威尔逊听到机枪的扫射声，不一会，他看见两架日机从自家房顶上空掠过。下午，空袭警报又接连响了几次，城内的民用机场和城外的军用机场均被轰炸，新街口、大行宫、第一公园等地方也遭到飞机机枪扫射，造成数十人伤亡。最初的空袭着实把威尔逊吓了一跳，他清醒地认识到这只是南京噩梦的开始。空袭来临后，威尔逊就一直忙于解决住院病人的问题，为方便空袭时尽快转移，威尔逊将那些不能走的安排在底层，而能走的就放在靠上的楼层。16 日，日机又先后 5 次空袭南京，在第 2 次空袭的时候，威尔逊正在给病人做手术。17 日，威尔逊再次在手术室赶上空袭。几次空袭后，南京全面启动警报系统，空袭中总共会拉响三次警报。第一个信号就意味着已经看见飞机了。下一个号声表示的意思是飞机已经接近了，该进入掩蔽所了。第二个信号出现后，任何人都不允许在街上走动，这儿看上去就像一座久已荒废的城池。只要空袭在进行，下面就是绝对的安静，除非一架日本飞机正在头顶，在这种情况下，就会从任何人似乎都没看见的地方传来机枪和防空火力的射击声。第三个信号是一个拖长的音，代表空袭已经结束，街道上就奇迹般出现了满满的人。

日军在浙江海宁“第一次使用了毒气弹”的消息在南京引起了恐慌。18日，为防范日军投放毒气弹，人们随时佩戴防毒面具。当空袭警报响起后，南京市民则纷纷紧闭门窗。威尔逊写道：

> 我现在带着它到处跑，尽管必须用它的可能性很渺茫。那种与人脑袋相配、看上去像个未来世界古怪魔鬼头颅的东西价钱太贵，而且供应也有限，不可能人人都发。我们每个人随身带的面具，薄纱有20层厚，还有一瓶化学溶剂。当警报来的时候，我们就把溶剂倒在面具上，捂住我们的嘴和鼻，直到危险解除。因为致命的芥子气会穿过皮肤腐蚀，我们不得不碰运气。漂白粉的供应很少，据说它是最有效的解毒药。我们持有的溶剂是按照中和光气、氯气和其他几种可能气体所用量来计算的。

南京的防空设备让日军在前几次空袭中损失惨重，因此，以后日军对南京的轰炸多以夜间为主。19日，日军实施了第一次夜袭，夜袭从午夜持续到深夜两点，由

南京居民遭受日机轰炸后的惨状

于夜袭发生在人们睡觉时间，造成了严重伤亡。20日，威尔逊开始了“真正的紧急战时手术”。他写道：

今天早上，我们发现大约12人被杀，不少人受伤。这是我的手术日，我也就第一次真正开始战争下的外科手术了。一个脚截肢、一个手指截肢，还有一个非常奇怪的创伤修复。一个约十八九岁的小姑娘看到炸弹落下，背对着爆炸蹲下。她的臀部差不多炸飞了。我们清洗了伤口，等到引发的感染清除后，可以给她做植皮术。一个腿部骨折的男人因内伤而在晚间死去了。就在给脚截肢的时候，警报器又响了，但我们继续手术。

为了方便夜间躲避空袭，威尔逊不得不将床搬到了起居室。当时，南京发行的《中央日报》多次刊登了这样的报道：有人用手电筒传送红蓝信号给夜间空袭的日机，让日机知道攻击的目标。这些人被当作汉奸（卖国贼）逮捕，并被判刑。22 日，大约有 20 人因为用红灯、绿灯向飞机发信号而被捕。尽管威尔逊认为这是难以置信的，但他却真的在鼓楼医院目睹了这一事实。8 月 23 日晚，一个陌生男子潜入鼓楼医院病房，躲在空床上，空袭警报拉响后，他打开病房的窗户，用贴着红徽章的手电筒给日机送信号。这时，他被护士和同室病人制止，后来，他被送交警察局。

很长一段时期内，日机的轰炸造成了南京生活物资的短缺，8 月 22 日，威尔逊曾提到："我的厨师在街上很难找到东西买，他实际买的东西要花十分昂贵的价钱。"但威尔逊还是保持着乐观心态，他会在日记中对空袭次数进行统计，根据他的统计，从 8 月 15 日到 31 日，空袭次数共有 25 次，其中日机的轰炸时间不分昼夜。9 月上旬，日机对南京的空袭呈现平静状态。短暂的平静过后，日机展开了疯狂轰炸。

从9月19日开始，侵华日军悍然违反国际法，下令对南京进行“无差别级轰炸”。这意味着日军的空袭目标不再限于南京的军事目标，它可以肆意轰炸医院、学校、商店、工厂、民房等。随后连续几天的空袭中，日机将南京的许多民居、医院、学校、商店炸成废墟。

1937年9月25日，威尔逊称之为“糟糕的一天”，这天南京遭受了最大规模的空袭。日机25日全天自上午9时半至4时半共实施空袭5次，总共96架次，投弹达200枚以上，机枪肆意扫射，致使南京城内终日警报不断。威尔逊记录了其中一次空袭惨状：

> 我们发现周围所有的窗户都震碎了，不少穷人的房子塌了。两个人在地下掩蔽所的入口处被炸死了，尸体血肉模糊。我爬上一间屋子的瓦砾，看到一个人被屋子的中梁击得平躺在地上。他的胸脯被打穿了，已经死去多时。等我自己走出瓦砾，我发现医院的一群人都已经走了，我只好开始走回医院，这时警报又响了。往家跑了大半地儿之后，我想应该去那个一流的由大使馆准备的地下室。回过身来，我跑进一堵空墙，因为门已经被锁住了，我发现它

离我自己的房子很近，而日本飞机又在上空滑翔了。炸弹像雨点一样落在周围，又造成了更大的破坏。我们能看到高射炮弹发射后的烟雾，但显然没人能找到它的轨迹。

更令人发指的是，日机完全不顾中央医院屋顶上的红十字标志，故意向中央医院和卫生署投下了16枚炸弹。在明妮·魏特琳（Minnie Vautrin）看来“这次轰炸是精心安排的”。空袭过后，下午5点，威尔逊开始安排中央医院工作人员和病人转移到鼓楼医院。晚上，他又忙

中央医院旁被日机轰炸造成的弹坑

于护理伤员，搬运中央医院病人。

26日，威尔逊开车带着吴贻芳、鲍恩典（亦译作格蕾丝·鲍尔）、魏特琳察看昨天被炸的几个地方，当威尔逊看到被炸的中央医院时，他感到从未有过的震惊：

> 上帝的仁慈想必以一种难以想象的方式进行了干预，防止了有史以来最大暴行之一的出现。一架日本飞机向医院俯冲，对主楼扔下了两枚1000磅的炸弹。它们在网球场两边各炸开约50英尺。弹坑有20英尺深，30英尺宽。弹坑离掘地避险的上百名员工仅几码之遥。据在里面的人讲，防空洞震得就像大地震摇晃地球那样。医院所有面向炸弹的窗户自然全碎了。炸弹如果向北或向南再移几码落地，那么破坏就惊人了。如果它们击中了医院，它就会炸成碎片，100名病人包括1名日本飞行员也会飞上天。往另一方向几码远，医院的所有成员就会被消灭得干干净净。随着大炸弹一起落下的还有无数的小炸弹，一共造成1死5伤。漂亮大礼堂的一面墙被毁了，所有的玻璃都碎了，我们在那儿曾举行过多次医学会议。

中央医院被炸后，一部分病人被转移到鼓楼医院，28日，鼓楼医院正式接管了这些病人，这大大加重了威尔逊和鼓楼医院的负担。这一天，威尔逊在日记中写道：

> 今天我在医院里非常忙。相当一部分从中央医院转来的病人需要尽快地进行某种外科方面的治疗。我处理了3个手臂严重开放骨折的病人和一个腿部普通骨折的病人。在我就要结束最后一例手术时，警报响了。

日机持续的轰炸，造成伤员数量不断上升。9月30日，威尔逊写道：

> 紧张的9月就要结束了，而展望10月未见光明的前景。结束的这天非常忙，有8台手术，多数是炸弹引起的……今天又开始下雨了。我们醒来发现天下雨时，都高兴地说今天的天气真是好极了。晴天以及云彩高高在上的天对我们而言都是危险。雨天让我们能够抓紧将中央医院转交我们的手术做完。

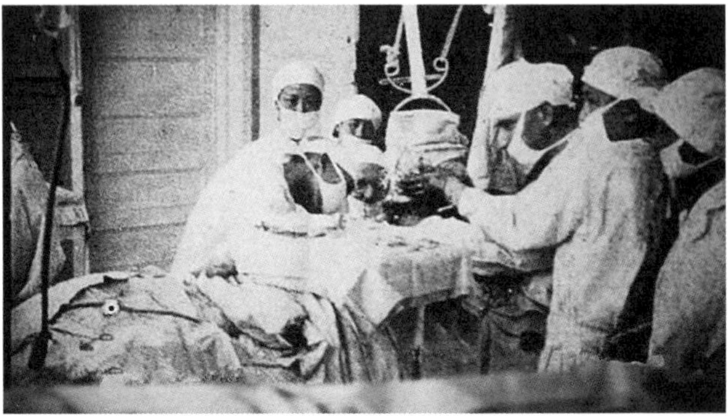
威尔逊正在为伤员做手术

日机空袭南京的这段时间里，雨天成为南京居民最期待的天气，雨天可以让他们免于空袭。10 月 5 日，威尔逊迎来了第一个战争生日，手术室里忙碌的工作让威尔逊几乎忘记了自己的生日。直到中午才想起来，威尔逊让厨师做了蛋糕。威尔逊感慨这个生日相当奇怪。除了救治受伤的平民外，威尔逊还诊治了大概 50 名士兵。

10 月 21 日，又是威尔逊在手术室忙碌的一天。为了救助病人，警报解除号还没拉响，威尔逊就利用自己的红十字袖章在轰炸中上街，赶往鼓楼医院守候。他如此聚精会神地操劳，以至于有时甚至会忽略掉手术中的空袭。日机不分白天黑夜地空袭打断了威尔逊以往的生活和工作节奏，增加了威尔逊的工作量，每次空袭，威尔逊总会担心医院的情况，空袭过后，他总是第一时间赶往医院，照顾病人。甚至于在相当时间内，他救助病人的流程已经变成了“医生开着救护车，提着担架，将病人接回医院，穿上他的手术衣，给他接来的伤员做手术”。

日军攻占上海后，开始向南京进发。与此同时，日军飞机加紧了轰炸南京的攻势，大量的炸弹倾泻在南京这片土地上。源源不断的病人使威尔逊处于超负荷状态。12 月 2 日，威尔逊在日记中这样写道：“尽管我们努力削减病人的数量，我们仍然还有约 75 人，其中 73 人是外科的。”然而，威尔逊很快就发现自己对病人的估计并不完全，3 日，威尔逊又写道：“昨天病号的估计数是我在检查办公室之前做出的，我发现我们有 99 名病人。因为我要照看其中的 95 人，因此一天中的相当一部分时间花在这上面了。然后是 3 台手术，包括一个切除阑尾，它刚刚才破裂。”

作为一名身处遭受大规模空袭城市的外籍医生，威尔逊的上述工作，不能不称作是一种极其英勇的行为。在日机空袭的近四个月里，威尔逊究竟救了多少在空袭中受伤的无辜民众，恐怕不得而知。我们可以知道的是，这段时间，威尔逊收藏的“空袭纪念品”，即炸弹和子弹的碎片，足够可以开个博物馆展览了。

值得注意的是，相比于进城的日军士兵来说，空袭事实上给威尔逊医生构成了更大的威胁：他是多多少少能保护自己免受日军刺刀伤害的西方人，但在炸弹和机关炮面前这是没有任何意义的。威尔逊工作的鼓楼医院根本不被日本飞机尊重，何况他的住所距日机轰炸的重点目标——国防部——仅 200 码，离开半公里处又有一座中国兵营，这就更增加了他自身成为空袭遇难者的可能性。而且他也是常人，对于炸弹也像一般人那样充满了恐惧，在晚上听到空袭警报也会像每个人那样心惊肉跳。在这种处境下坚守岗位，甚至超越自己作为一个医生的职责，体现出了他极大的勇气。根据威尔逊的日记记录，截至 12 月 8 日，空袭总数达到 114 次。12 月 9 日，威尔逊正式的空袭统计划上了句号，“因为今天是个漫长的袭击，从早上一直延续到晚上。警报早上响了一次，然后剩下的时间就不再响了。日本飞机几乎全天都能看见，忙着在城里城外轰炸”。

上海战事打响后，南京基督教人士组建了基督教战时救济委员会南京分会，威尔逊成为其中委员。10 月 3 日和 4 日，威尔逊身先力行，带领一名护士到下关开设门诊，主动给任何得病的人看病，并走访了下关难民营。

不仅如此，威尔逊还热心于教会医院和军队医务团之间的合作。为此，在10月初，他和米尔士（W. P. Mills）一起拜见了国民政府卫生勤务部部长刘瑞恒，具体讨论合作的形式，初步确定为“教会医院提供专业帮助，医生照料危重病人并向在长江流域刚建起的军队医院提供咨询”，这项工作将由当局提供财政帮助，“既给需要这些帮助的地方也包括照料负伤的士兵”。此外，威尔逊更是迫切致力于鼓楼医院和红十字医院建立合作，随着上海战事的逐步升级，越来越多的伤兵得不到医疗救助，威尔逊感到忧心忡忡，他记道：

> 每天，伤兵的问题都变得愈发尖锐。迄今我们只接触了问题的皮毛，医院里只有40到50名伤兵。40到50比起4万到5万伤员来说简直就是九牛一毛，而目前伤员的数字每天是以1000左右增长的。目前我所关心的是，迄今为止我们和这里大的红十字医院尚无合作。我希望在不久的将来能有所作为，因为凭借我们相对较多的医务人员，我们应该能比现在所做的多得多。

10月28日下午，威尔逊和刘瑞恒、马克斯威尔医生、克劳德·汤逊一起去了红十字医院，商谈战时合作事宜。

在考察完红十字会医院后，威尔逊强烈地感觉鼓楼医院应该承担更大的责任：“比较起来，我们至今的贡献就小得可怜了。我们强烈地感觉必须免费治疗平民，不然的话，医院的病房就完全不够了。我们正照看着大约 50 名伤员，期待能接收 80 名重伤号。”

11 月 23 日，威尔逊和一名护士带着“一些手术器械，小苏打、麻醉剂和大量的红十字会物品，有抗霉素、包扎材料和药品”。来到江宁白头山，“在寺庙的广场上，我们用绳子隔开上百名围观者，做了手臂截肢手术和一些小手术”。当天晚上，威尔逊又“将医院里的所有员工带至下关，那里的 1200 名伤兵躺在火车站里，处于不同的病况。我们为他们包扎了大半夜，直到用完了所有材料”。

自日军空袭南京起，南京市民就开始了逃难，一些外地学生则放弃了在南京的学业，许多国家机构或民间团体也纷纷将办公地点迁出这个是非之地。

在各国大使馆的组织下，南京的外国侨民也分批撤离这个“每小时都会遭到轰炸”的危险之地。8 月 16 日，美国大使馆用命令式的口吻劝告，“所有的妇女和儿童前往比较安全的牯岭或汉口”，美国使馆“已经预定了‘吴淞’号的 25 个舱位”，“将于午夜起航”。16 日晚，马乔里和襁褓中的伊丽莎白乘“吴淞”号前往牯岭，威尔逊自己留在南京。

8 月 20 日，马乔里和伊丽莎白平安到达牯岭，威尔逊得到消息后，高兴极了。同时，威尔逊也“焦急地等待着她们从那儿发出的第一封信，想看看她们是怎么安排的”。23 日早上，威尔逊终于收到了马乔里的两封信，心里的石头落了地。随着上海战事愈发激烈，美国大使馆“敦促所有在华无特别事物的人完全撤出中国”。面临大使馆的撤退令，威尔逊认为应该坚守岗位，这不仅是医务职责，也是道义所在。24 日，威尔逊记道：

> 陈今天暗示，如果美国人走了，大量家在中国其他地方的中方雇员就会觉得他们也有离开的权利。医院就只好关门或由军事当局接管。大使馆的人准备坚持到最后关头。很难说，最好该做什么。人们不禁会想此时离开将错过最高级别的服务机会，不仅是医务上的，也是道义上的。

28 日，美国大使馆又发来传阅件，强烈要求所有的美国人离开这座城市。29 日下午，威尔逊与美国大使馆二等秘书赫尔·帕克斯顿进行了一番长谈，表露了自己留守医院的精神动力，并表示在日军开始迫近南京之前，自己不会离开。

随着空袭程度的加剧，威尔逊预见战争会长期持续下去，他决定让马乔里和伊丽莎白返回美国。为送妻子和女儿回纽约，威尔逊来到牯岭。然后，和“她们一起去了汉口”，“送她们上去广东的火车”，马乔里和伊丽莎白再由广东到香港，最后乘船回纽约。每当威尔逊听到日军轰炸广东的消息，都感到非常紧张。威尔逊焦急地等待马乔里的消息。9 月 24 日，威尔逊返回南京。24 日晚上，他写道：

> 今天最好的消息等我上床了才到。它是一份来自香港的电报，内容是“杰克逊总统号平安到达”，这就告诉我，马乔里和伊丽莎白已经从担惊受怕的两周香港等待中解脱出来了，能够在船只到达后很快上船。

得知妻子和女儿从香港安全出发后，威尔逊直呼“杰克逊总统号”万岁！

在威尔逊离开南京的这段时间，日本第三舰队司令长官长谷川清曾向各国驻沪领事发出警告，称“日本海

平仓巷 3 号，今南京大学赛珍珠纪念馆

军航空部队预定在 1937 年 9 月 21 日正午以后对南京及其周边地区实施空袭或其他攻击，要求居住在该市的第三国官员和公民采取适当措施自发转移到更加安全的地区”。而“美国大使馆是唯一顺从这一暗示的，他们搭乘停在下关的美国长江巡逻艇——旗舰‘吕宋’号离开了”，这被威尔逊嘲笑为“对美国政府和美国人民的声誉造成了无法估量的损失”。他认为，美国大使馆这样做也许有道理，但很难再获得曾经拥有的自信了。

送走妻女后，威尔逊于 10 月份搬进了平仓巷 3 号金陵大学教授洛辛·卜凯（John Lossing Buck）的房子（今南京大学赛珍珠纪念馆）。这里面拥有三个摩登的浴室、极好的中央供暖、自来水供应以及现成的电力供应。威尔逊带来了自己的厨师和苦力，因此充当了房主角色。在这居住的还有普拉默·米尔士、克劳德·汤逊、贝德士、刘易斯·史迈士、奥利弗·卡德威尔、皮特·巴农。随着战事发展，有3个人离开了南京，后来费吴生、里格斯、麦卡伦、宋煦伯4人又搬进这里。

威尔逊不仅自己执意留下，而且努力劝说别人也留下。11月20日，国民政府宣布迁都重庆后，政府机关随之转移，机关职员和家属、普通市民纷纷离开南京避难。就这样，每天有数以万计的人逃离南京，包括南京城内的医生和护士。为了能够更好地照顾病人，在日军逼近南京时，威尔逊完全没有离开的打算，而且尽一切可能劝说医院的医务人员不要离开南京，并强调城市陷落后，在军法管制下，他们没有什么可担心的。然而，最终他无法说服他们留下。威尔逊在东京审判中作证时说道：

> 1937年11月末，上海陷落后，日军向南京挺进。医院的医护人员到我们这里，要求在日军占领南京时，他们要离开南京。他们这样做的理由是他们听

说了很多在上海和南京之间的城市里所发生的事情。这些城市有苏州、无锡、镇江、丹阳等。我们的工作人员担心生命受到威胁，纷纷希望离开南京。我们努力安慰他们。告诉他们在某种法律的保护下，陷落后的南京也没什么危险。然而我们无法说服他们，很多人离开，去了长江上游地区，医院里只剩下特里默医生（C. S. Trimmer）——另一个美国医生，我和5名护士，以及一些选择留下来陪伴我们的清扫工。在此之前，我们医院总共有20名中国医生，大约40到50个护士和实习护士。他们是在12月1日离开南京的。

11月28日，鼓楼医院的大多数员工乘船离开了，12月2日，原本打算留在南京的柏睿德（Richard F. Brady）接到通知：他的小女儿乔伊斯在牯岭病得很重，希望他马上就去。2日午夜，鼓楼医院最后的几名医生乘坐"黄浦"号离开了南京。

太古轮船公司最后一艘船黄埔号今晚午夜起锚……艾尔西·普利斯特、金陵女子文理学院校长吴贻芳博士、金陵大学校长陈裕光博士和我们4位

> 中国前同事陈医生、屠医生、两名福州的护士都在船上。柏睿德将是在牯岭的唯一外科大夫，留下我成了在南京的唯一外科大夫。

这样，威尔逊就成了即将沦陷的南京城内唯一的外科医生，12 月 5 日，威尔逊在日记中无奈地写下：“在这样一个庞大的被战争撕碎的城市，作为唯一的外科医生真是件十分耸人听闻的事。”7 日，威尔逊收到了大使馆的最后警告，称第二天上午 9∶30 分美国“帕奈”号将带领最后的人离开，这已经是最后的机会了。同时日军也发出了警告，要求在南京的外国人避难，否则“无论他们今后遭遇什么样的后果”将“没有必要承担责任”。威尔逊终于放弃了最后的机会，坚持选择留下。在最后一次警告后，“帕奈”号在 12 月 9 日离开南京驶向上游。

在恶劣的环境和高强度的工作压力之下，威尔逊坚持留在南京，除了职业责任和人道精神外，应该说，他对南京的特殊感情也发挥了重要的作用。

在他的记述中，我们经常可以感受到那份深情，“空气中整天弥漫着烟雾，这座城市看上去更像匹兹堡而不是我们的南京了”。在日记中，他经常使用感情色彩鲜明的词语，如“我们”“我们的飞机”“我们的飞行员”。

1937年8月17日：刚吃过午饭，警报又响了……我们的飞机继续盘旋了大约半小时。……我的病室里收进了一名飞行员。他只有一点擦伤，包括眼睑上的一个伤口需要缝合。我们向他保证不出几天他就会非常健康，很快又能重上蓝天。他是战斗机飞行员。……现在是晚11∶00了，我们的飞机到现在还没飞回来。

1937年8月22日：昨天有一次拉警报时，我数了一下，我们一次就上去了10架飞机，其他我看不见但听到的声音表明有更多的飞机在盘旋。

1937年8月26日：在第一声警报后，我们的战斗机马上就冲上蓝天。它们正在低空盘旋，这时第二个信号来了，警告日机接近了。

1937年9月29日：我们的一位飞行员在安徽省上空与敌机战斗时被两发机枪子弹击中腹部。他成功地将飞机降落，随后就昏迷了。他们花了11个小时才把他送到我们医院。我凌晨两点见到他，已经因失血而休克了，非常虚弱。

威尔逊使用这样具有专门指向的词语，显然已经把自己与中国视为一体。身处于危如累卵的战争烽火中，作为一个对中国深怀感情的美国人，威尔逊特别希望美国支持中国的抗战事业。1937 年 10 月 5 日，美国总统罗斯福在芝加哥发表“隔离疾疫”演说，谴责日本侵略，威尔逊对此极为称赞，有如沐春风之感。10 日日记中，威尔逊详细叙述道：

当中国人的士气在我们看来非常好的时候，读了这篇演讲和随之的国务院声明，完全有如沐春风的感觉。有了这样的效果，丽格报告也如是，中国觉得它得到了世界大多数国家精神上和道义上的支持，当它想要一些更实在的东西时，它也不会因为暂时缺乏而哭泣，而是受到了极大的鼓舞。如果罗斯福现在能继续推进他的努力，真的迫使日本人让步，那么他就将载入历史成为最伟大总统之一。机会看来是他的，而且他也是最能把握机会的好手。这儿的大使馆也极大地振作起来，完全赞同这一新的立场。

这是世界历史上的一个关键时刻。中国很容易受影响而加入共产主义阵营，但它也有机会与强大的民主国家为伍。日本的全面胜利将是世界性灾难的前奏曲。我们是多么希望和平王子的原则能够胜利。今后数月期待这样的可能性几乎成为势不可挡的潮流。我们必须继续尽力而为，继续祈祷，希望上帝的意志能够得以实现。

与威尔逊一样坚守岗位的美国人有 14 人，他们在大部分外交人员和外籍人士撤离后，坚决留下来，冒险保护南京市民和外地涌来的难民。1937 年 12 月 7 日，美国《芝加哥每日新闻报》记者斯蒂尔（Archibald T. Steele）这样评价：

至少有 14 名美国人打算在南京被包围期间也一直留在城内，除非发生万不得已的情况。这些留守者大多数是传教士。在决定留下时，他们没有表露出丝毫的英雄气概，他们只是认为这是义务，他们说，必须留下来守护教会的财产，给予中国同僚们信心，帮助现在仍在计划中的安全区——这关系到成千上万中国人的生命。这些美国人知道他们所面对的危险。他们将置身于被偏离方向的炮弹、炸弹和流弹击中的危险之中。虽然防空洞和地下室相对比较安全，但只要中国军队的败兵们进入安全区，就会招来日军的炮火。而且，他们随时都有可能遭到抢劫。大使馆做出开始撤离的决定时，日军的先头部队尚在大约40英里以外。但空袭渐渐频繁起来，轰炸与防空炮火带来的危险也日益加大。在城门被封锁之后，留守美国人离开南京的唯一希望就是用大使馆提供的绳梯翻越城墙。

这可以作为他们留守南京的一个解释。我们可以引用马乔里在接受采访时说的一句话——“中国人是他的同胞”来清楚地说明威尔逊这样做的原因。我们相信，这会是威尔逊的内心独白，留在南京，是他的责任，因为他是中国人的同胞。

最忙外科

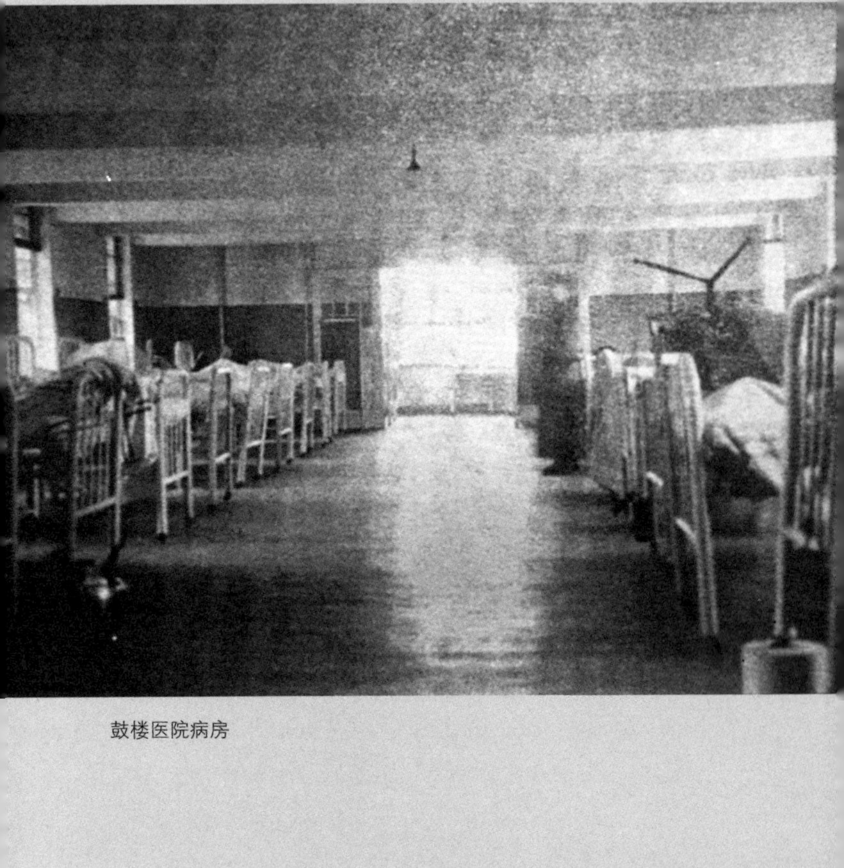

鼓楼医院病房

在南京大屠杀的恐怖时期，威尔逊作为一名美国人和南京城内唯一的外科医生，承担了比平时更多的责任，付出了难以言喻的心力。首先，威尔逊是鼓楼医院唯一外科医生，在超负荷的工作状态下，用他的手术刀救治了不计其数的受伤的中国同胞。其次，威尔逊还兼职产科医生，“躬奉”新生命的到来。再次，他加入国际红十字会南京分会，关注整个南京的难民救助事业；他以极大的勇气，保护鼓楼医院的护士和难民，还把许多中国同胞从日本士兵的刺刀和侮辱下救了回来。除此，他还细心记录日军暴行并设法向外界传播，这些记录后来成为东京审判中南京大屠杀案的铁证。

1937年11月7日，日陆军省参谋本部大本营发布“临参命第138号”命令，组建华中方面军。松井石根被任命为华中方面军总司令官，下辖上海派遣军和第十军，1937年11月12日上海陷落，松井石根指挥华中方面军分三路直扑南京。12月1日，日军大本营下达“大陆命第8号命令”：“华中方面军应与海军协同，进攻敌国首都南京。”日军华中方面军司令官松井石根接受命令后，立即下达了攻占南京的作战部署命令：“上海派遣军主力于12月5日前后开始行动。重点保持于丹阳、句容方面，击破当面之敌，进至磨盘山脉西部地区。令一

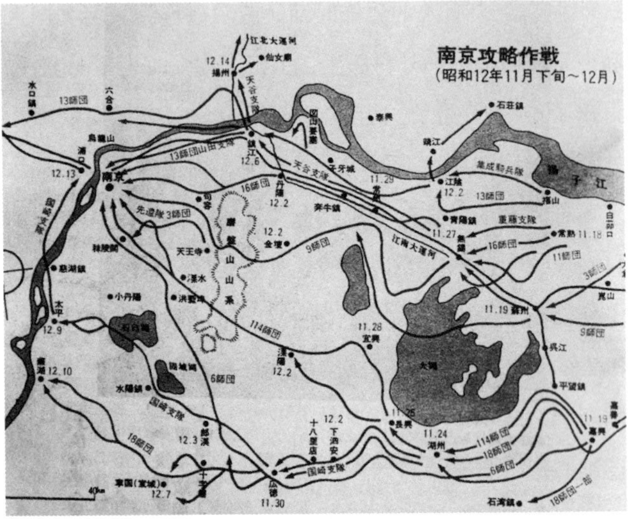

1937 年 11 月下旬—12 月，日军进攻南京示意图

部自扬子江左岸地区攻击敌之背后，同时截断津浦铁路及江北大运河。第十军主力于 12 月 3 日前后开始行动。以一部自芜湖方面进抵南京背后，以主力击破当面之敌，并进抵溧水附近。应特别对杭州方面加强警戒。两军之作战区域，按如下一线延伸：黄金山镇 – 天王寺十字路 – 赤山。”

淞沪会战结束后，首都南京岌岌可危。关于南京守卫问题，蒋介石决心“短期固守”。11 月 20 日，唐生智就任南京卫戍司令长官，24 日，唐生智接到南京国民政府正式任命。

12月5日，南京保卫战打响。8日晚，南京外围阵地相继失守，12月10日，日军对南京城发起总攻，中国守军同日军在雨花台、紫金山及城郭等处展开激战，中国守军损失惨重。12月11日，蒋介石下令要求唐生智撤退。唐生智接到命令后，仓促下令撤退，随即逃离南京。撤退的命令引起了混乱，各部队士兵争相渡江北撤，城内居民、难民纷纷涌入下关江边，南京城内秩序大乱。

侵华日军华中方面军司令官松井石根

13日凌晨，各路日军分批攻入城中。日军进城时，威尔逊正在手术室里给一名男子作眼球摘除手术，14日，他在日记中记录当时情形：

昨天下午，就在日本人全面控制这座城市之前，大多数重机枪安静下来之后，我想可以给一只眼睛做手术了。这个男人几天前在轰炸中，眼睛受到了重伤，为了挽救那只眼睛，必须把这只摘除。就在这只眼睛摘除到一半时，约50码之外发生了猛烈的爆炸，一颗炸弹就在旁边基督会大院的角落里爆炸了。我正好面对着窗户，就抬起头，看到因爆炸升起的烟雾。四块弹片穿过手术室的窗户，其中两块就放进我的收藏了，它在稳步增长。手术室的护士真的被吓坏了，想知道我们还要不要继续手术。显然，没别的事儿可做，但我想不会有那么多眼睛一下子冒出来。

13日晚上，日军“已经完全控制了城市”，威尔逊看到“无数的日本旗在各处飘扬，包括他们以前的大使馆”。

日军攻陷南京后，立即展开了持续六周的屠杀、纵火、奸淫、劫掠等一系列难以想象的暴行，无所不用其极，短短几周内让古都南京沦为人间炼狱。威尔逊目睹了日军在南京实施的各种暴行和破坏活动，亲历了南京这场血与火的浩劫。

早在1937年8月15日日机开始轰炸南京之初，鼓楼医院即按紧急事态组织管理，医院为所有的工人、医护人员及能够行走的病人准备了防空洞，其他病人则被安置在一楼。虽然鼓楼医院在日军轰炸中多次幸免于难，但每次空袭都会让人心惊胆战。威尔逊记载了 8 月 22 日晚的一次空袭，警报响起，“上上下下运送病人的苦力都在忙着把病人运到底层”，正在手术的女孩也被及时转移到病房。威尔逊感叹：“这是一次真正的空袭，3 架轰炸机就在我们头顶，高射炮就在我们附近轰隆隆地、格格地射击。它们往南飞了个大圈，又在我们头顶轰鸣了。”

基督教战时救济委员会南京分会成立后，鼓楼医院被指定为救济委员会的医疗援助机构，其任务之一是医治最严重的伤员，鼓楼医院组建了 6 支救护队，由医生、护士和学生志愿者构成，随时准备出发。为接待空袭伤员，鼓楼医院有时会停止门诊。由于承担了许多战时救济，鼓楼医院的收入减少了一半。因为所有的“上等”家庭离开了这座城市，只有极少的一、二等的病人能支付医院的大多数手术费，穷人只付得起一点儿钱，根本不够实际的开支。而且中央医院来的大多数病人都是免费的病人。尽管如此，鼓楼医院大多数工作人员仍在尽力坚持工作，他们还在南京其他地方开设户外门诊。

医院的工作得到了政府肯定，南京沦陷前几天，宋美龄亲自来到鼓楼医院探望那些为了中国正义的抗日战争而负伤的俄国飞行员，同时也给在这里坚守的医生和护士们带来了来自中国政府的由衷感谢。

南京保卫战打响后，鼓楼医院医护人员又在炮火前线奋勇抢救伤员。1937 年 12 月 6 日，美国的《纽约时报》赞扬鼓楼医院是“市内唯一的医院”，同时刊登了威尔逊抢救难民的事迹。

> 美国大学医院（鼓楼医院）仅有 3 名医师（均为美国人）。除去军队的急救机构，该医院实际上是市内唯一的医院。弗兰克·威尔逊（罗伯特·威尔逊的误印——译者）博士乘坐仅有的一辆急救车奔赴被炸地区，为伤者治疗。

担任南京安全区国际委员会主席的约翰·拉贝（John H.D. Rabe）满怀伤感地写道：

> 路灯熄灭了，在夜幕中，可以看见伤员在街道上蹒跚，没人去帮助他们，已经没有医生、卫生员和护理人员了，只有鼓楼医院的几个正直的美国医生还在坚持着。

12月19日，《纽约时报》记者F. 提尔曼·德丁（F. Tillman Durdin）报道了鼓楼医院在南京保卫战期间的救护工作，内容如下：

整个围城期间，外国人一直在努力把美国教会大学医院作为平民伤员的备用医院。不用说，这家医院也接纳了许多受伤的士兵。有一次，一群伤兵由未受伤的战友送到鼓楼医院，他们用枪威逼收治这些伤兵。在几名中国士兵、一个新闻纪录片摄影师、6个德国人、2个俄国人和1个英国记者的帮助下，这群外国人没日没夜地照顾150名病人。

1937年12月22日，德丁发自上海的航空通讯，再次记述了鼓楼医院救护伤员的贡献：

攻城时南京街头看到的中国伤兵是整个悲惨场面中最触目惊心的一幕。伤兵跛足而行，在街巷爬行，数以百计的伤兵死在主要的街道上。美国教会办的金陵大学医院在整个战斗中自始至终都开放，并设法专门收治平民伤员，然而也收留了一些伤兵。两名美国医生罗伯特·威尔逊和S. C.特里默，两名美国护士格瑞丝·鲍尔和伊娃·海因兹以及几位中国助手日夜治疗他们负责的200名病人。

《国民政府移驻重庆宣言》于1937年11月20日发表后，中央党政机构及人员和老百姓纷纷撤离南京。由于国民政府迁都准备工作不足，对仍留在危城内的民众的生命安全未作周密考虑，许多医院在政府西迁时均已关闭，医务人员纷纷撤离，国民政府许诺的20家军队医院从未见开放。英国驻南京领事馆官员豪尔认为医生和护士离开医院是“一个可悲的士气消沉（如果这个词能恰如其分地用于当前语境的话）的征兆”。在政府开始缺位的状态下，南京安全区国际委员会开始接管南京“市政”。1937年12月8日，安全区正式开放，第二天，国际委员会公布了安全区安全措施，其中包括“伤员可以送到鼓楼医院，要救护车请拨打电话31624”。鼓楼医院成为指定的伤员医治场所。不过，和其他医院类似，这时医院内的大多数中国员工已经撤离南京，仅剩下为数不多的医务工作者。大量伤员的涌入和医务人员的相继离去让鼓楼医院的情况变得十分糟糕。1937年12月9日威尔逊日记中记述：“我们接收了许多伤员，医院又挤满了人。我们现在有一支很好的护士队伍，但还是只有3名医生，特里默、我和那位从江阴来的小家伙。”1937年12月17日，福斯特致家人函中也诉说：

> 金陵大学医院为数不多的几位工作人员正英勇地履行他们的职责，其中有两位外国医生，一位中国医生；两位外国护士及几位中国护理人员。超负荷的工作以及缺乏人手已使他们疲惫不堪，中方管理者及49位其他医护人员都已撤往汉口。这是我们必须忍耐的伤心事之一。

根据记载，鼓楼医院当时留守人员主要包括威尔逊医生、特里默（C. S. Trimmer）医生、鲍恩典（Grace Bauer）化验师兼护士和海因兹（Iva Hynds）护士，以及南京大屠杀期间负责医院管理的麦卡伦（James Henry McCallum）牧师。除了威尔逊外，其他4人的大概情况如下：

麦卡伦1921年来华，一直在南京传教。南京大屠杀期间，他作为鼓楼医院和难民救济的管理人员留在南京，主要负责医院粮食运输、接送患者，并主管医院宗教科。

特里默是内科医生，在南京大屠杀时期兼管医院产科和X光科，同时担任“南京安全区国际委员会”委员。

鲍恩典女士1919年10月来南京，就职于鼓楼医院，任医院检验室主任和医学院检验室讲师。南京大屠杀期间参与国际安全区救治伤员和难民，担任医院总监、医院图书保管员及医院会计和医院食堂主管。与其他人员一道，拯救了一大批遇难平民、伤兵和妇女儿童的生命，得到了国民政府嘉奖的采玉勋章和南京市民的称赞，被救难民代表还特地赠送给鲍恩典一面“慈善为怀”的绸缎锦旗，上面尊称她为“鲍恩典先生”。

海因兹女士1924年开始在鼓楼医院从事护理工作，1937年她已六十多岁，但她在那样的非常时期选择了留在医院，尽心尽力做好自己的工作。麦卡伦牧师在12月29日给家人的信中这样写道：“人们很容易就能找到海因兹小姐，她经常在育儿室照顾所有的小宝贝。”

由于医院非常缺少医生和护士，留守的每个人做好本职的同时，还必须承担更多的工作。魏特琳曾对南京空袭以来鼓楼医院的工作做过以下记录：

> 基督教医院的记录是最有价值的一份记录。在许多个月里它勇敢地面对着新的危机。它首先在空袭之后照料了伤残的平民，然后又在几个月里接纳

了受伤更为严重的士兵和军官们。在新建的政府医院遭到了轰炸之后，那里的病人全部被转移到基督教医院。当它的中国医生和护士员工在11月撤离以后，它看上去似乎不可能继续开展工作了，但是传教员工再次决心负起责任，一支新的力量被动员了起来。教会的技师变成了营养师和出纳员；一位福音传道者被动员起来成为一名商业经理，在好几个月里可以看见他从一所被解散的医院和保健站赶往另一所医院，他正在这些医院被洗劫和焚毁之前抢救医疗物资。两位教会医生和一位中国医生一直到二月份还在昼夜不停地搬运大量医疗物品。留下来的一位平时工作就废寝忘食的教会护士此时工作得比以往更努力了。经常可以看见她每只手抱着一个婴儿，有时还试图去安抚第三个甚至第四个婴儿。

1937年12月18日，美国《芝加哥每日新闻报》在报道中特别称赞了鼓楼医院的特里默和威尔逊两位医生：

一直顽强地坚持到最后的16个美国人，每个人都能够讲述令人毛骨悚然的南京沦陷的故事。其中，要数两个美国医生 C. S. 特里默和罗伯特·威尔逊所受到的考验最为严峻。他们两人在中国同事都逃走之后，依然把被送到基督医院的患了重伤的中国人全部接收了下来。每个小时都有截肢手术。威尔逊正在进行一个需倍加小心的精细的手术时，一颗炸弹在医院的院子里爆炸了。爆炸炸坏了窗户，弹片撒到了手术室，可是就是在这种情况下手术也没有中断。

1938 年 2 月 21 日，拉贝在返回欧洲之前的最后一次讲话中，说道："鼓楼医院由于人员减少，只有特里默大夫先生和威尔逊大夫先生两名外国医生以及医院院长麦卡伦先生，还有前面提到的少数女士，他们在医院工作中做出了我一生中见过的最好的成绩。因为它只有少量的人员（中国的和美国的），他们完全在超负荷地工作，已是精疲力竭。"

南京沦陷后，留守的鼓楼医院成为当时整个南京城内唯一一家对平民开放的医院，也是当时南京安全区内的唯一医疗救助机构。因为伤员众多，仅靠这 5 位留守医务人员根本无法照顾，大屠杀期间鼓楼医院大量招募医生和护士，由于鼓楼医院处于安全区，相对比较安全，因此，相关人员纷纷前往鼓楼医院工作、避难，充任护士、工友等。后来，南京保卫战中未能及时撤离的部分军医，也加入鼓楼医院，如原南京中央军官学校教导总队卫生队的周纪穆医生、原南京战地医院祁明镜院长、徐先青和祁刚医生等。这部分人到医院大多担任内科医生，成为当时医院医疗工作的有力补充。根据麦卡伦牧师致家人函记载，1937 年 12 月 29 日，鼓楼医院全部在岗职工约有 100 人。

南京沦陷后，鼓楼医院对大多数病人都是免费治疗。1938 年 2 月 19 日特里默在给拉贝和史迈士的信中说:“根据我的仔细估计，我们每月结算要透支 5000—6000 元，而且是从 1937 年 1 月底起。我们的医疗活动至今几乎都是依靠 11 月底以前存在仓库的储备药品和包扎材料等维持的。”鉴于鼓楼医院在南京沦陷期间的贡献和牺牲，国际红十字会南京委员会和南京安全区国际委员会多次予以资金和药品援助。

鼓楼医院的医护人员一起经历了南京最为恐怖的时日，他们彼此守护，共同向深渊的难民伸出援手。

从 1937 年 12 月 3 日柏睿德离开，到 1938 年 2 月 21 日获准重返南京，在这将近 3 个月的时间里，威尔逊一直是留在南京的唯一外科医生。在日军的屠戮下，当

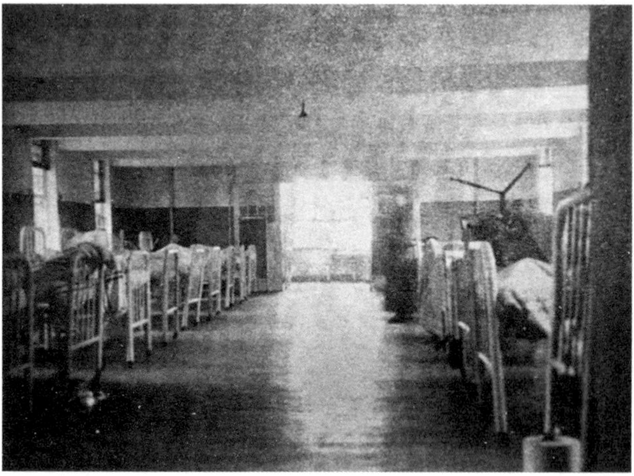

鼓楼医院病房

时很多被送进医院的病人不是枪伤就是刀伤，这些都是外科病例。麦卡伦给家人的信中写道："自从南京沦陷，他们大多数是带着刺刀或子弹伤口前来的。"当时在鼓楼医院担任护士的黄又宁回忆："日本人进城之后，病人一下子多了很多，本来我们一个病房里只能住 20 个病人，这下连过道上、走廊上都睡满了人。那时也不分什么内科外科了，不过大多数送来的病人都是外科病人，有的肠子都流在肚子外面，有的胸腔被捅，都能看见他的肺。"费吴生在 1937 年 12 月 24 日日记中记录："还有更多的刺刀伤害事件，威尔逊报告，

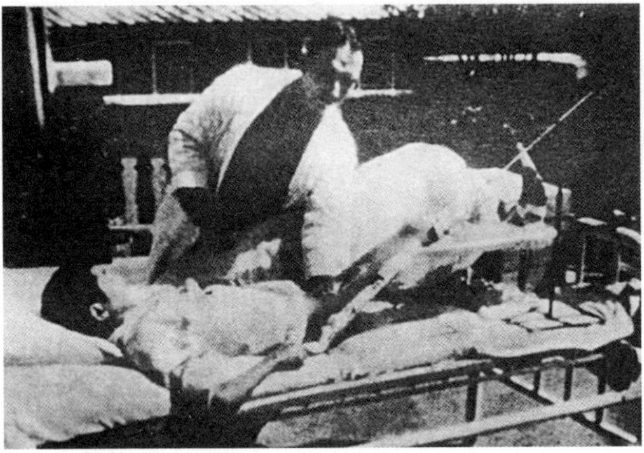

鼓楼医院医生治疗被日军击伤右腿的 14 岁儿童

仅在医院就有 240 个案例，四分之三是日军占领南京以来滥施暴行所致。”

面对不断增加的外伤患者，威尔逊的工作压力可想而知，仅在 12 月 14 日，他就做了 11 台手术。12 月 18 日，需要威尔逊照看的病人多达 150 人。而最多的时候，一共有 175 名病人需要威尔逊治疗，以至于光是查一遍房，就几乎是他全天的工作了。

威尔逊 1937 年 12 月 15 日的日记记录较为详细，这是我们了解他每天工作状况的绝好材料：

今天又收进约30个病人，却没一个走的。……150例病人中有10个是内科和产科的，其他都是外科。没有一个中国医生懂得如何照料他们，除非在仔细地监督之下，因此把我弄得很苦。……今天除了巡查病房里的病人，我做了10台手术。我早早地就起床了，在回家吃早饭之前，还去查了一间病房。早饭后，我花了整个上午把剩下的病房都查完了，然后吃过午饭就开始手术。

第一个病人是一名警察，他的前臂有一炸弹伤，桡骨破裂隔断了四分之三的肌肉。他绑了7个小时的止血带，而任何试图阻止出血的努力都将完全切断其手部的血液循环。毫无办法，只能截肢。另一个病人是个可怜的小伙子，一块大弹片打进了他的面颊，把他部分下颚给敲掉了。取出这块弹片时，还拿出几颗牙齿，它们附着在被击毁的部分下颚上。然后，又是几个病人，通过荧光检查器，并在特里默的帮助下完成。一个小伙子的腮腺上有块弹片，它已经切断了他的脸部神经。另一个人侧面中弹。子弹打进他的上腹部从胃里穿过去了。他吐出好多血，然后就感到好多了。他的身体条件很好，我认为根本不需要给他做剖腹术。我毫不费力地从他侧面取出了子弹。另一个病人4天前脚就被炸了。他感染很重，我给他的小腿做了开瓣截肢。另一个人是被日本士兵刺刀扎伤的理发师。刺刀割破了他的后颈，切断了所有的肌肉，一直划到椎管，穿过了椎骨的韧带。他处在休克状态，可能会死。他是店里8个人中唯一的幸存者，其他的都被杀了。

鼓楼医院只有威尔逊一个外科医生，合格的护士也严重紧缺，这进一步加重了威尔逊的工作负荷。当时，鼓楼医院大约有20名护士，仅有约4名护士接受过训练，因而经常出现护理方面的错误。

日军对南京城内放下武器的军人和手无寸铁的平民进行惨无人道杀戮的同时，还对留在南京的妇女，不分老幼、职业、身份，进行强奸、轮奸等令人发指的性暴行。拉贝在呈交给德国外交部的报告中称："南京陷落后一个月内，2万多名妇女被日军强奸。数以千计的妇女死于日军的蹂躏之下，其余的在遭受轮奸之后含冤死去。"麦卡伦曾愤怒地写道："强奸！强奸！强奸！——我们估计一晚上至少有1000例，白天也有很多。"因此，威尔逊还救治了许多因性暴行致伤的女性。例如，我们所熟知的李秀英就是他亲手救治的，关于李秀英的遭遇，李秀英后来口述道：

1937年12月13日下午，日本军队一进城，就开始杀、烧、淫、掠。我的丈夫已经逃到江北乡下避难，我因有七个月身孕，行动不便，就和父亲留在城内未走，躲在五台山一所小学的地下室里。12月19日上午九点钟，来了六个日本兵，跑到地下室，拉走我和其他十多个年轻妇女。我想宁死也不能受辱，急得没有办法，就一头撞在墙上，撞得头破血流，昏倒在地。当我醒来时，日军已经走了。后来我感到这样做没有用，我自幼跟父亲学过一点武术，可以跟他们拼一拼。这天中午，又来了三个日本兵，他们把男人赶开，把两个妇女带到另外一间屋子里，准备奸污。这时一个日军上来解我的纽扣，我看到他腰间挂着一把刺刀，我急中生智，决定夺他的刀。我趁机握住刀柄，同日军拼搏。日军见状大惊，同我争夺刀柄。我刀不能用，就用牙咬，咬住日军不放。日军被咬痛了，哇哇直叫。隔壁屋里的两个日军听到喊声，就跑过来帮助这个日军。我一人对付这三个人，没有办法，但我紧紧抓住刀柄不放，和这个日本兵在地上滚来滚去搏斗，其他两个日军就用刺刀向我身上乱戳，我的脸上、腿上都被戳了好几刀。最后，一个日军向我肚子刺来，我立即失去了知觉，什么事情也不知道了。日军走后，父亲见我已死，十分伤心。他找几个邻居在五台山旁挖了一个泥坑，把门板拆下来做成担架，抬出去准备埋葬。当他们抬出门的时候，由于冷风的刺激，我苏醒了过来，哼了一声。父亲听见了，知道我还活着，赶忙抬回家，又设法将我送进鼓楼医院抢救。第二天，我流产了。经医生检查，我身上被刺了30多刀，嘴唇、鼻子、眼皮都被刺破了。经过七个月的医治，我才恢复了健康。

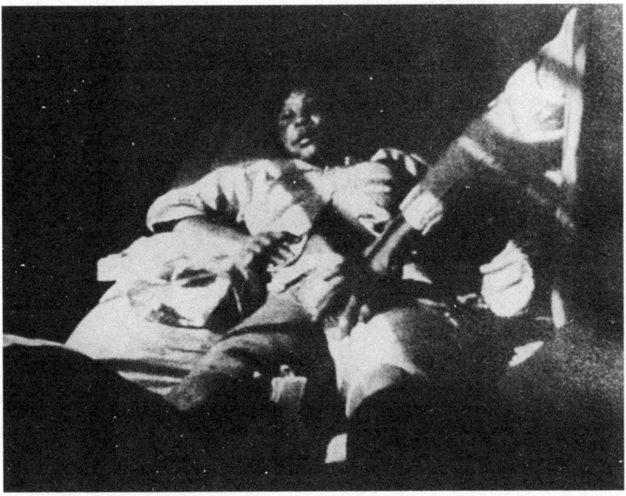

威尔逊救治李秀英情形

还有几名妇女的遭遇也让威尔逊记忆犹新，这在他的日记中有所反映：

1937 年 12 月 21 日：昨天早晨，一个 17 岁的女孩带着她的孩子来到了医院。前天晚上 7:30 的时候，她被两个日本兵强奸了，九点钟产前阵痛开始了，她的第一个孩子在 12:00 出生了。当然她晚上不敢出门去医院，因此一大早她就和她的孩子来了，令人惊喜的是，孩子看上去还是很安全、很健康的。

1938 年 1 月 3 日：一名 40 岁上下的妇女来这儿讲了这样一件事，她 12 月 31 日被日本人从难民营里带出去，诡称是帮几名军官洗衣服。6 个妇女被带走了。在白天她们洗衣服，到了晚上她们就被强奸了。她们中的五个每晚要接受 10 到 20 次的凌辱，而那第六个因为年轻漂亮要接受 40 次左右的蹂躏。在第三天，两个日本兵把我们这位病人从那个地方带走，到了一个荒凉的地儿，想把她头砍下来。一人举刀挥了 4 次但只切断了她颈后的肌肉直到脊椎骨。她后背、脸上和膀子上还有另外六处刺伤。她可能会康复。当她这个样子躺在那儿的时候，另一个日本兵发现了她，将她带到了安全的地方。

1938 年 1 月 28 日：两天前我接待了一名病人，她 22 岁，结婚 4 年了。她和其丈夫在日本人进城那天进了安全区。她的丈夫当晚就被抓走了，再也没看见。她那天晚上也被抓走，带到了城南的某个营房，在那儿她每天要被强奸十几次，一共待了 38 天。到此时，她已经身患两边化脓性腹股沟腺炎、烈性淋病和大面积阴道肿大性溃疡，因此她就被送出来了，因为没用了。

沉重身体负荷外，威尔逊还无时无刻不在承受心理压力。在威尔逊做的手术中，包括大量的截肢手术，这无疑是一件考验威尔逊的事情。每次截肢手术前，威尔逊总是极力挽救，而对于截肢后病人所要承受的痛苦，他都感同身受。

1937 年 12 月 14 日：今天我做了 11 台手术，包括不可避免的截肢。

1937 年 12 月 26 日：今天下午，我又做了一例截肢手术，还做了一些小手术。截肢的是一条腿，几星期以来我一直想挽救它。

1938年1月6日：今天我又回到12月的老时间表，将我努力了近一个月功夫意欲挽救的两条腿给切除了。一例是一个小男孩，他的腿严重破损。我尽了最大的努力来挽救它，但是他的脚因为缺乏血液循环，非但未能控制感染反而扩散开来，已经逐渐变成坏疽了，因此只能放弃以保全生命。

威尔逊还经常目睹生离死别、无家可归的悲惨场面。

1937年12月21日：今天下午我给一个可爱的13岁小女孩上了石膏。日本人13日进城时，她和爸爸妈妈正站在防空洞门口看他们走进，一名士兵走上来，就用刺刀扎她父亲，向她母亲开枪，砍伤小女孩的肘部，造成复合骨折。她没有亲戚，拖了一星期才送到医院。她现在担心的是等到要走时不知道干什么。她的爸爸妈妈都被杀死了。

对威尔逊来说，只有拼命地工作才能忘记这些场景。所以，威尔逊在脚趾被砸伤，走路一瘸一拐，嗓子不能发声的情况下，依然奔走在医院里。

威尔逊在医院的主要岗位是外科医生，但在特殊的

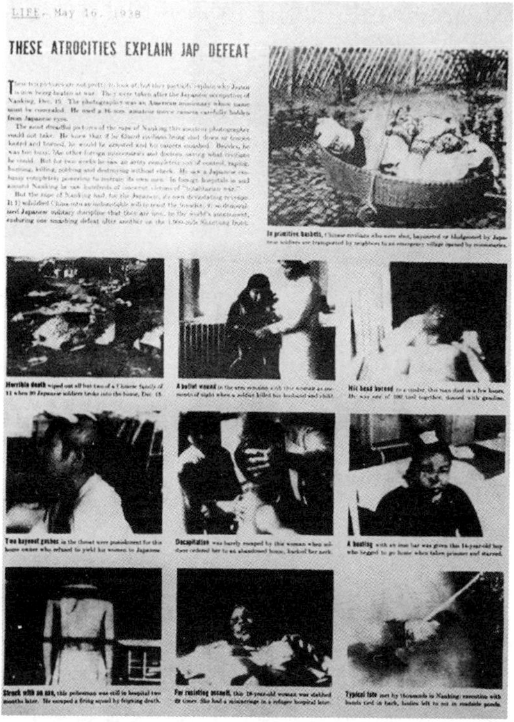

LIFE - May 16, 1938

THESE ATROCITIES EXPLAIN JAP DEFEAT

1938 年 5 月 16 日，美国《生活》杂志刊登的一组有关南京大屠杀的照片

环境中，威尔逊还兼职产科医生。其实早在 1937 年 12 月 5 日晚上，威尔逊就接手了第一个产科病例，它是一个 20 岁的女孩。

12 月 25 日威尔逊在医院值夜班时，先后在 23：00

和 3∶00 两次被叫醒，“躬逢了两个中国娃娃的诞生”。这次接生让威尔逊有重作冯妇之感，“这就好像是回到了在医学院里的产科实习，细微的不同之处在于，无论发生什么事，我仍然是最终的医学权威”。12 月 26 日早上，特里默发烧达到 102 华氏度，不得不卧床休息，在特里默生病的几天时间里，威尔逊接管了医院的产科工作。

在满目疮痍的城市里，遍布着杀戮和死亡的气息，新生命的到来显然会为人们带来快乐，带来安慰。于是，威尔逊对每个婴儿的降生都满怀期待。12 月 26 日，他写道：

> 今天早上我的查房被两次生日庆典打断了，一次在 10∶30，另一次在 11∶30。一大早，我就和海因兹小姐、高小姐打赌，看谁会第一个生出来。在接生一连串女孩后，这当中的一个生的是男孩。事实上，前一天晚上生的娃娃当中有一个男孩，但在这之前，我们连续接生了 5 个女孩。

27 日晚，威尔逊在医院又接收了个产科病人，28 日中午，一个 20 岁的初产妇来医治，她生了一个男孩，但是这个婴儿有 10 分钟没有呼吸，威尔逊十分着急，再

洗劫后的南京城

看到孩子开始呼吸后，威尔逊如释重负，“真是有种解脱的感觉”。另一个让威尔逊特别关心的婴儿事例是：在他接生的小男孩中，有一个手指上多长了一截小小的肉茎。30 日，威尔逊小心翼翼地把它给剪去。

同日，特里默病愈，接管了产科病人，医院重新改为轮流值班。但威尔逊对记叙产科事情未曾终止，1938 年 1 月 30 日，他记载了一名难产孕妇：“最近的几个晚上，我有机会提高了我的产科水平。前不久，又来了一例难产病人，生产不顺利已经有两天了。脐带已经先脱落了。因此这个孩子已经死去两天了。这个母亲身体情况非常不好，吸入超量的乙醚后，身体才放松下来。”

1937 年 12 月 13 日，国际红十字会南京委员会在南京成立，该组织做了大量难民安置和医疗救助工作，威尔逊积极参与其中，并且做出了突出贡献。

国际红十字会南京分会
宁海路5号
电话：32346，31641，31961
约翰C. 马吉牧师主席
李春南先生（音译）副主席
（中国红十字会，南京）
洛先生副主席
欧内斯特H. 福斯特牧师秘书
克里斯蒂安·克勒格尔先生财务主管
戴籁三夫人
明妮·魏特琳小姐
罗伯特·威尔逊大夫
P. H. 芒罗－福勒先生
C. S. 特里默大夫
詹姆斯·麦卡伦牧师
M. S. 贝德士博士
约翰H. D. 拉贝先生
刘易斯S. C. 史迈士博士

W. P. 米尔士牧师

科拉·波德希沃洛夫先生

沈玉书牧师

在日军占领南京的第二天（12 月 14 日）上午，大约 30 名日本兵“彻底而非正式的检查”了鼓楼医院，他们让一些护士排队，拿走了护士们的钢笔、手电筒和手表。威尔逊意识到“这些天弄个美国人睡在医院里是最好的”，为了应付日本士兵的光临，威尔逊与特里默、麦卡伦轮流在鼓楼医院值班，因为他感觉不应该离开，这个惯例一直持续到大屠杀后期。

为了能够迅速驱赶日本士兵，威尔逊值班时会“和衣而眠”。除守护医院外，他还力所能及地保护求助的难民，使他们免于日军的摧残。例如在 1937 年 12 月 21 日日记里，他详述了如何让两名妇女脱离险境的经过：

昨天午饭时，一些住在离我们几个门洞远的中国技工问我们该怎么办，他们那地方有两名年轻妇女有危险。我们建议把她们带到大学来，在那儿他们晚上已经布置了宪兵，我们告诉他们，我们会去接她们并让她们和我们一起走。我和费吴生午饭后准备去接她们，还没出大门呢，技工们就冲进来说日本人已经在那儿了。我们赶紧往那儿去，后面跟着刘易斯·史迈士和麦卡伦。到那儿的时候，惊恐的中国人围拢来指着房门，门已经关上了。我们大喊着推开房门，发现3个全副武装的士兵，但此刻只穿着部分衣服，两名妇女头发散乱但幸好安然无恙。其中一名士兵非常愤怒，连声威胁，但没起作用，我们把女孩子们带到了大学去了。等我们一走，技工们再也不敢待在那儿了，所以昨晚睡在了我们的车库里。

在日军南京大屠杀的恐怖日子里，像威尔逊这样的外国人处境尴尬，一方面，他们的中立国国民身份根本不被日本人尊重，费吴生在1937年12月19日日记中写道：“好几处美国国旗被撕破丢在地上。美国学校横遭践踏，看门者说如果他再干下去就可能被杀死。贴有美国和其他外国房产的日本使馆布告，日本士兵对之不屑一顾，有时故意撕掉。”又据1937年12月23日的一份统计资料，“日军进城仅10天，174幢美国房屋中有158幢被洗劫，日本的盟友德国的47幢房屋中有38幢遭到洗劫”。美国和英国大使馆都遭破门盗窃，他们与其他难民一样，都是受害者。

另一方面，当中国人向他们求援时，他们又奋不顾身，不惜惹怒日本人，拯救被日军伤害的民众，这就是当时外国人在南京大屠杀期间的两难境地。1937 年 12 月 19 日，麦卡伦致家人函中吐露道："我们每个人都干双份的活。我们很难坐下来从容进餐，每隔 5 分钟左右总会有人呼叫求援：要么是为阻止卡车被抢，更为经常的是从日本兵那里抢救妇女，我们往往匆忙咽下食物便跑出去，难得一起进餐。天黑以后我们不敢独自外出，总是两三人结伴而行。"

因此，为了保护南京民众，威尔逊有时不得不冒着付出生命代价的危险。1937 年 12 月 21 日，他在日记写道：

> 今天中午我差点被子弹打中，真希望是这样。在我回家的路上，大学女生宿舍前的警察告诉我，一个日本士兵在里面，他央求我去看一下。因为它又会变成古老的故事，我闯了进去，用不容置疑的措辞命令他出来。他正在给他要骑走的自行车打气，我让他住手，并一再敦促他出去。他还想拿走一辆黄包车和自行车打气筒，我粗鲁地拒绝了，但我的手用力过度了，他已经拉住了黄包车，后面拖着个

可怜的苦力。我们现在不再是朋友了，他平静地往枪里压上子弹，四下瞧一瞧。中国人这时告诉我黄包车和打气筒都是他带来的，于是我叫他拿走，该往哪儿到哪儿去。此时他走出去，等我过去的时候，他又往枪里压了几颗子弹。在我越过他向我们的屋子走的时候，我真以为会被他从后面击中。

在充满恐怖的南京城内，鼓楼医院的员工起初没有遭到日本士兵的“任何暴力行为”，这也让威尔逊感觉庆幸。但残暴的日军终究还是没有放过医院，12月18日夜里，三个日本士兵洗劫了鼓楼医院，其中一个士兵闯入护士宿舍，强奸了三名护士，威尔逊赶到后赶走了他们。19日早上，愤怒的威尔逊和南京安全区国际委员会的贝德士、史迈士、费吴生一起去日本大使馆抗议，威尔逊向日本大使馆秘书田中汇报了鼓楼医院护士宿舍的强奸案件，并呈递了独立起草的抗议信：

大学医院，南京

1937年12月19日

致日本大使馆

南京

在此请允许我向贵方指出12月18日夜间发生在大学医院的事件。这所医院除了有医护人员和员工，还有150多名病人。这所医院以前曾经享有特权，为日本大使馆的工作人员提供医疗护理。

晚上将近8时的时候，3名日本士兵从医院的一个后门闯入，放肆地在医院的走廊里跑来跑去。医院65岁的护士海因兹小姐接待并陪同了这些闯入者，尽管海因兹小姐一再声明她的手表属于私人财产，他们仍然抢走了她的手表。此外被偷走的还有6块怀表和3支钢笔。3人中有2人离开了医院，而另外一人则不知跑到什么地方去了。

晚上9时15分的时候医院方面得知，剩下的那个日本士兵强行闯进了护士的寝室。我对这间房进行了检查，发现这个日本士兵和6个护士在房间里。当我赶到时，其中有3名护士已经被强奸。全体护理人员对此感到极大的震惊。

我们原先一直以为，医院能受到保护，免遭这类事件的侵扰，因此没有急于向贵方提出要求给予特殊保护。现在我们不得不提出这种要求，并请求在医院的入口处设置岗哨，或采取其他措施，防止这类暴行再次发生。

致以崇高的敬意

签名：罗伯特·威尔逊

医学博士

经过一番交涉后，威尔逊得到的答复却是“他自己深表同情，但他无力控制军方，只能像我们这样去做交涉”。在19日的日记中，威尔逊记下了自己的感受：“似乎只有很小的希望，但又很黯淡，今天是迄今为止最恶劣的一天。”

鉴于南京持续的混乱状态，12月20日，威尔逊等14位美国人联名草拟了一封致上海美国总领事的信，要求立即派外交代表到南京。电报内容如下：

南京——1937年12月20日——致美国驻上海总领事馆电：

问题严重，急需在南京派驻美国外交代表。局势日益严峻。请通知大使和国务院。签名：贝德士，鲍尔，菲奇，福斯特，海因兹，马吉，米尔士，麦卡伦，里格斯，史迈士，索恩，特里默，魏特琳，威尔逊。

1937 年 12 月 20 日发给日本驻南京大使馆，请求海军无线电站转发。——M. S. 贝德士

为掩盖南京事实真相，日本大使馆拒绝转发电报。21 日下午 2 时，威尔逊同全体外国侨民，“在鼓楼医院门口集合，形成一个整体队伍朝日本大使馆进发”，并联名起草了一封请求保护南京难民的请愿书：

中国南京

1937 年 12 月 21 日

致日本帝国大使馆

南京

我们（此信的全体签名者）本着人道主义的原则，特请求贵方，为了维护南京 20 万平民的利益，立即采取如下措施：

1. 制止在城市大部分地区纵火，以免尚未被毁坏的其余城区继续遭到肆无忌惮的有组织的破坏；

2. 一周来，日本军队给城市造成了无法用语言描述的痛苦，这种破坏秩序的行为必须立即得到制止；

3. 抢劫和纵火已经使得城市的商业生活陷于停

顿，全部平民百姓因此而拥挤在一个大难民收容所里，鉴于这一情况，同时考虑到国际委员会的粮食储备只能供20万居民食用一周这一事实，我们在此紧急呼吁，立即采取必要的步骤恢复安宁和秩序，恢复市民的正常生活环境，补充粮食和燃料储备。

目前的状况必将在短时间内导致饥荒。我们别无请求，只请求得到最基本的生活条件：住房、安全和食品！

南京外国侨民

敬呈

签名人：

约翰·拉贝（德国）

爱德华·施佩林（德国）

克里斯蒂安·克勒格尔（德国）

罗伯特·威尔逊大夫（美利坚合众国）

M. S. 贝德士博士（美利坚合众国）

鲁佩特·哈茨（奥地利）

查尔斯H. 里格斯（美利坚合众国）

W. P. 米尔士（美利坚合众国）

刘易斯S. C. 史迈士（美利坚合众国）

G. A. 菲奇（美利坚合众国）

欧内斯特 H. 福斯特（美利坚合众国）
休伯特 L. 索恩（美利坚合众国）
约翰·马吉（美利坚合众国）
科拉·波德希沃洛夫（白俄罗斯）
J. H. 麦卡伦（美利坚合众国）
伊娃·海因兹（美利坚合众国）
C. S. 特里默（美利坚合众国）
M. 魏特琳（美利坚合众国）
格瑞丝·鲍尔（美利坚合众国）
R. 黑姆佩尔（德国）
A. 曹迪希（德国）
齐阿尔（白俄罗斯）

在无恶不作的日军面前，威尔逊等人的抗议活动成效甚微，但他们仍然努力不断尝试。

南京大屠杀期间，威尔逊更是将他所见所闻的日军暴行仔细记录下来，通过南京安全区国际委员会，向日本驻南京使馆提出抗议。在最终递交日方共计 444 号的日军士兵暴行案例中，威尔逊提供了 21 条。这些记录不仅给日方施加了一定压力，迫使日方当局约束士兵的行为，而且成为战后东京审判中南京大屠杀案的铁证。现将威尔逊提供的日军暴行实例列举如下：

6. 12月14日，30名显然没有军官带队的日本士兵搜查了大学医院和女护士的寝室，医院的职员们遭到了有组织的抢劫。被偷走的物品有：6支自来水笔、180元现钞、4块表、2卷医院的绷带、2只手电筒、2双手套和1件毛线衣。

16. 12月15日，一名被刺刀刺伤的中国人来到大学医院。他报告说，日本士兵将他和另外5名中国男子从安全区抓走，要求他们往下关运送弹药；到达下关后，他们6人都被日本士兵用刺刀戳杀，只有他一人幸免于难，来到了金陵大学医院接受治疗。

19. 12月25日，一名中国人来到大学医院。他报告说，他背着60岁的叔叔到安全区的时候，日本人开枪打死了他的叔叔，他自己也因此而受伤。

90. 12月20日，有一位双目失明的理发师被送进了大学医院。12月13日日本人进入城南的时候，他正抱着他的孩子，日本人向他要钱，由于他没有钱，日本人就开枪击中了他的胸部。

91. 12月20日，城南一家帽店的老板也同样被日本人开枪击中了胸部，日本人向他要钱，并且对得到的数额不满意，还想要的更多，但是这位店主再也拿不出来了，因为他已经把他所有的钱都给了日本人。这位受伤者今天被大学医院收治。

93. 12月20日下午2时30分，菲奇先生打算到我们的汽车修理工家去接2名妇女，把她们送到大学去，这时修理工跑了过来，报告说日本人发现了他家的那2名妇女，正准备强奸她们。我们立即朝平仓巷13号赶去，发现门房里有3个日本士兵和那2名妇女，2名妇女的身上已经没有衣服。我们要求日本士兵离开这所房子。有2个人立即听从了我们的话，但是第三个日本士兵则开始检查我们的门房，看他是否曾经当过兵，他检查了门房的手、后背和脚。这个时候，2名妇女已经穿上了衣服，我们用菲奇的车把她们送到大学，使她们脱离了危险。

98. 12月20日19时30分，一名怀孕9个月的17岁少妇遭两名日本士兵强奸，21时，出现临产阵痛。午夜时分婴儿出生，少妇今天早晨才被送进医院，因为人们晚上不敢上街。婴儿情况良好，母亲处于歇斯底里状态。

99. 12月20日下午，日本士兵闯进汉口路5

号住宅，该房的主人是J. H. 丹尼尔，大学医院的院长。住宅大门上贴有日语布告。日本人进入楼上的房间，弄来2名妇女强奸，在房间内达3小时之久。地下室内的3辆自行车被偷走。丹尼尔博士先生不在期间，这所房子由威尔逊大夫居住。

100. 12月21日13时15分，威尔逊大夫在大学的女生寝室发现一名日本士兵，他要求这名士兵离开这所房子，但是遭到了手枪威胁。过后威尔逊大夫在街上遇见了这名日本士兵，后者见到威尔逊，就把手中的枪上了膛。

115. 12月19日下午，一名日本士兵在美国学校（五台山）试图强奸一名怀有6个半月身孕的19岁的中国女子，当女子反抗时，日本士兵手执匕首或是刺刀向她袭击。该女子胸部和脸部有19处刀伤，腿上也有数处刀伤，下身有一个很深的刀伤，胎儿的心跳已经听不见。该女子目前被安置在大学医院。

137. 12月22日，菲奇先生、史迈士博士先生和贝德士博士先生把一些日本士兵从汉口路5号住宅中赶出去，从而防止了在那里的2名妇女遭强奸。在此之后，威尔逊大夫于下午2点认定，在过去的1小时里没有日本士兵进入这所房子。为了安全起见，事后他把这2名妇女安置在大学里。当他从那里返回时，楼上的房间里又有了3名日本士兵。他向一个带了2名士兵路过这里的日本宪兵呼喊。该宪兵本人不愿进去，他派这2名士兵进屋子，经过士兵反复强烈的敦促，这3名入侵者才离开了屋子。

139. 12月13日，一名11岁的小姑娘同父母亲站在一个防空洞的入口处观看日本人进驻。一名日本士兵用刺刀将父亲刺死，将母亲枪杀，用刺刀猛击小姑娘的手臂，致使其肘关节伤残。该女孩因无兄弟姐妹，故一星期后才被送往医院。

155. 12月26日下午1时30分，一个日本军官闯进大学医院，他要求把正在干活的勤杂工交给他使用。鲍尔小姐对拉走勤杂工之事提出抗议，但该勤杂工还是跟这个军官走了，因为他担心鲍尔小姐会吃亏。虽然这名勤杂工3个小时之后返回了，但医院遭受了缺少人员的损失。尤其是因为鲍尔小姐必须看护好医院门诊部，以防日本士兵抢劫，因此带走正在值班的人员等于是对医院工作的严重干扰。

163. 12月30日晨，4名中国人经过估衣廊时遭到日本士兵开枪射击，其中一人当场死亡，另一人伤势非常严重，医生怀疑他不能痊愈。他目前正在大学医院。

178. 1938年1月3日，一名现安置在大学医院的妇女报告，1937年12月30日她与其他5名妇女一起被从铜银巷6号带走，日本人骗她们说是给日本军官洗衣服，她们被带到西郊的一所房子里，根据她们判断那是一所日本军队医院。在那里，她们白天的确必须洗衣裳，但晚上她们都要被多次强奸。年纪大一些的每晚被强奸10–20次，而年轻漂亮的则被强奸多达40次。1月2日，两名日本士兵把我们的病人拖到一处被遗弃的校舍，砍了她10刀，其中4刀砍在她的脖子上，伤口露出了脊椎骨；一刀砍在手关节上，一刀在脸上，4刀在背上。虽然这名妇女预计会康复，但脖子将不能弯曲。那2名日本士兵将她丢在那等死。但她被另一名日本士兵发现，看到其惨状，他把她送到朋友那里，这些人后来把她送到医院。

179. 1月3日，一个尚未成熟的14岁的姑娘，因遭强奸伤势重得只能通过医生的细心医治和护理才有可能康复。

184. 1月9日，一名老年男子从安全区回对过山去看自己的房子，以确认是否能搬回去。他到家时，发现他房子大门口有 3 个日本士兵。这 3 个日本士兵二话没说就朝他开枪，打伤了他的双腿。这名男子目前在大学医院。

211. 1 月 25 日下午，鼓楼医院收治了一名中国妇女。夫妇 2 人住在难民区圣经师资培训学校附近的一个草棚里。12 月 13 日，日本兵带走了她的丈夫，她被带至城南某处，并拘禁在那里。她每天被强奸 7 次 –10 次之多，只有夜间才让她睡一会儿。可能因为她已患病，情况很糟，5 天前被放回。她已身染 3 种性病：梅毒、白浊和下疳，这几种病非常厉害，又极易传染，她在短时间内便患上了这些疾病。她获释后立即回到了安全区。

442. 2 月 2 日，一个男子挑着蔬菜进城，在中华门被一些日本士兵拦住。士兵们强迫他跪在路上，并向他要花姑娘。他们叫他把蔬菜扔掉，但他拒绝了。于是日本士兵用枪托打他的小腿，并打断了他的两条腿。他花了 2 天时间来到大学医院。

443. 2 月 2 日，金陵大学医院的白铁匠根据命令返回城南的家。街上一些日本士兵抓住他的领子，把他摔倒在地。他的身上青一块紫一块，但没有伤及筋骨。

444. 2月6日，一个男子报告，他被日本士兵抓到中山门外给他们干了一个月的活。日本士兵给了他3个日元作为他的工资。由于分队被派到其他地方，于是他们让他回来。几天后，他和几个朋友从宁海路运麻袋到广州路。山丘上一日本士兵拦住他们，并打手势叫他们返回，于是他们就掉头，刚走了大约40步，日本士兵从后面开枪，他的左臂的肘下部分被打烂，以致不得不截肢。他要供养3个人。开枪发生在6日。

上述威尔逊提交的案例，在他的日记中都有详细的记载。对日军烧杀淫掠的程度，威尔逊更是在日记中直言不讳：

1937年12月15日：对平民的杀戮是惊人的。我可以连篇累牍地记下几乎超过想象的强奸和野蛮行径。

1937年12月18日：今天是但丁炼狱的第六天，是用血腥和淫秽的大字写成的，大批人被屠杀，成千上万妇女被强奸，看来没有任何力量能阻止这些野兽们的残暴、淫欲和野蛮。

1937 年 12 月 19 日：穷人的食物都被抢光了，他们处于歇斯底里的惊恐之中。何时是尽头?

1937 年 12 月 21 日：到目前为止，超过一半的城池被烧光了。每个商业区都被点上了大火。

正如威尔逊声称的那样：“我希望这些材料只是暗示没有机会写下更多，而不是代表日本人的全部罪行。”文字记录之外，威尔逊还与约翰·马吉（John G. Magee）拍摄了鼓楼医院里受难者的纪录片。他在 1938 年 1 月 9 日日记中写道：

今天早上我们拍了一个老年男子，他的脖子上有两条长长的伤疤。他被日本兵派去拉皮条，他的罪过就是没能找出她们。我们拍的第二个人是个警察，他的背上、胸口和手臂上共有 18 处（不，是 22 处）刺刀伤。他压根就没犯什么事。第三个是我前些天写到的那个妇女，她和另外 5 个女人被弄去白天洗衣服，晚上供日本人享乐。她的脖子正逐渐愈合，也没得肺炎，我开始还以为她要得呢。

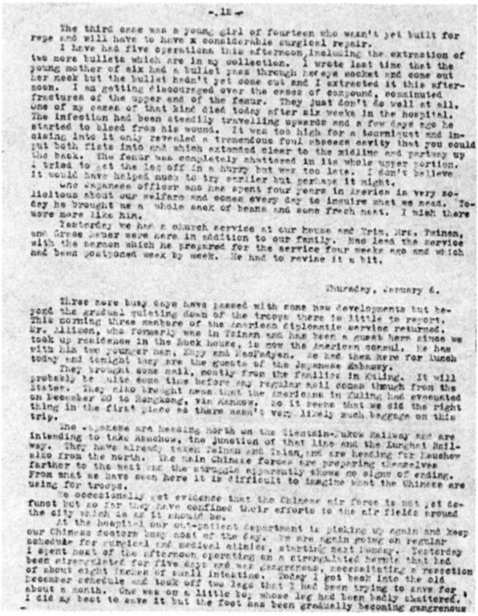

-12-

The third case was a young girl of fourteen who wasn't yet built for rape and will have to have x considerable surgical repair.

I have had five operations this afternoon including the extraction of two more bullets which are in my collection. I wrote last time that the young mother of six had a bullet pass through her eye socket and come out her neck but the bullet hadn't yet come out and I extracted it this afternoon. I am getting discouraged over the cases of compound, comminuted fractures of the upper end of the femur. They just don't do well at all. One of my cases of that kind died today after six weeks in the hospital. The infection had been steadily travelling upwards and a few days ago he started to bleed from his wound. It was too high for a tourniquet and incising into it only revealed a tremendous foul abscess cavity that you could put both fists into and which extended clear to the midline and partway up the back. The femur was completely shattered in its whole upper portion. I tried to get the leg off in a hurry but was too late. I don't believe it would have helped much to try earlier but perhaps it might.

One Japanese officer who has spent four years in America is very solicitous about our welfare and comes every day to inquire what we need. Today he brought us a whole sack of beans and some fresh meat. I wish there were more like him.

Yesterday we had a church service at our house and Trim, Mrs. Twinem, and Grace Bauer were here in addition to our family. Mac lead the service with the sermon which he prepared for the service four weeks ago and which had been postponed week by week. He had to revise it a bit.

Thursday, January 6.

Three more busy days have passed with some new developments but beyond the gradual quieting down of the troops there is little to report. This morning three members of the American diplomatic service returned. Mr. Allison, who formerly was in Tsinan and has been a guest here since we took up residence in the Buck house, is now the American consul. He has with his two younger men, Espy and MacFadyen. We had them here for lunch today and tonight they are the guests of the Japanese Embassy.

They brought some mail, mostly from the families in Kuling. It will probably be quite some time before any regular mail comes through from the States. They also brought news that the Americans in Kuling had evacuated on December 20 to Hongkong, via Hankow. So it seems that we did the right thing in the first place as there wasn't very likely much baggage on this trip.

The Japanese are heading north on the Tientsin-Pukow Railway and are intending to take Hsuchow, the junction of that line and the Lunghai Railway. They have already taken Tsinan and Taian, and are heading for Hsuchow also from the north. The main Chinese forces are preparing themselves farther to the west and the struggle apparently shows no signs of ending. From what we have seen here it is difficult to imagine what the Chinese are using for troops.

We occasionally get evidence that the Chinese air force is not yet defunct but so far they have confined their efforts to the air fields around the city which is as it should be.

At the hospital our out-patient department is picking up again and keep our Chinese doctors busy most of the day. We are again going on regular schedule for surgical and medical clinics, starting next Monday. Yesterday I spent most of the afternoon operating on a strangulated hernia that had been strangulated for five days and was gangrenous, necessitating a resection of about eight inches of small intestine. Today I got back into the old December schedule and took off two legs that I had been trying to save for about a month. One was on a little boy whose leg had been badly shattered. I did my best to save it but the foot has been gradually becoming gangrenous

威尔逊部分日记 2–2

日军攻占南京后，对南京实施了严密的封锁，拒绝人员进出，严禁南京与外界的通信，更是驱逐了在南京的外国记者。在日军的重重封锁下，日军的种种暴行不为外界所知晓，为此，威尔逊千方百计地将其在南京亲见亲闻以各种方式传播出去，向外界揭露日军暴行。

1937 年 12 月 15 日，英国路透社记者史密斯（L. C. Smith）和美国《芝加哥每日新闻》记者斯提尔获准乘日军驱逐舰离开南京去上海。威尔逊利用这一机会，把一部分信件交给他们：“我匆忙上楼，将写好的东西放进我寄信的信封，在他们的轿车启动前交给了他们。第 35 页是复写本，因为我找不到原件了。我甚至都没来得及签上我的名字。”在外国记者相继撤离南京后，日军暴行的报道就逐渐减少，事实上，南京的情况更加恶化。南京城内一片荒凉，到处游荡着四处劫掠的日本人，威尔逊为此感到惋惜。18 日，他写道：“可惜的是新闻记者在那天都走了，如果他们能晚走一两天，那他们将会对南京的恐怖统治有更详细的报道。”让威尔逊嗤之以鼻的是，日本媒体公开歪曲事实，肆无忌惮地美化日军占领下的南京。

1938 年 1 月 8 日，日本人控制的《新生报》上刊登了题为《南京的和谐气氛进展喜人》的一篇文章，文章称：“皇军入城时，军刀入鞘，为了检查和医治病人，伸出了仁慈之手。他们给饥饿和生病的南京民众食物和医疗。”当天，威尔逊写道：“城市里依旧充斥着疯狂的谎言，我们可以借助收听广播加以评判。”

1938 年 1 月 9 日，威尔逊终于找到一个避开日本人审查，把一些信件发送出去的机会。这个过程十分复杂，“这些邮件先被送到在长江上打捞‘帕奈’号的一艘美国拖船，然后由长老会牧师沃力恩（Walline）送到另一艘美国船上，到美国后再按正常邮件寄出”。威尔逊准

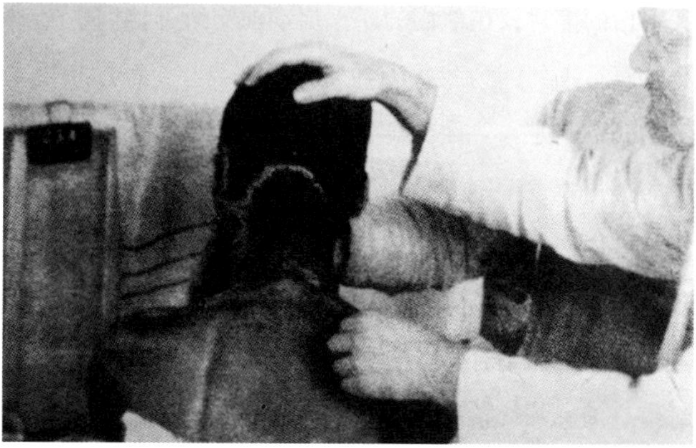

威尔逊与马吉拍摄被日军砍伤脖子的老人的情景

许妻子随意处置这些材料，嘱咐她遵照朋友的建议，将其中的一些东西公开发表，还“希望能多弄几个副本，因为我想让全家都看看，茱莉亚和富兰克林也看看”。经过多方努力，1938 年 10 月，《读者文摘》以《我们在南京》为标题发表了包括威尔逊多天日记在内的日军暴行实录。

炼狱天使

1940 年 8 月，鼓楼医院同事送别威尔逊一家的合影

1938 年 2 月以后，日军大规模的屠杀逐渐减少，但日军的暴行并没有停止，威尔逊持续不断地接到因日军暴行造成的外科伤病患者。不仅如此，由于日军的暴行，从 2 月份开始，难民区暴发传染病、性病、脚气病等疾病，所以，威尔逊还需要忙着治疗难民疾病。1938 年 6 月初，疲惫不堪的威尔逊才到上海做短暂的休养。从日军进城开始，威尔逊在鼓楼医院夜以继日地工作了半年多时间。作为一个“中国人”，威尔逊时刻关注中国抗战事业，渴望中国能早日胜利。1938 年年底，威尔逊与经历了长达一年半分离的妻儿团聚。

1938 年 1 月 28 日，日军发出通告，要求难民最迟 2 月 4 日返回家中。于是，许多人遵照命令，离开难民区回到家中。令人没有想到的是，他们再次遭遇了日本人的刺刀。据威尔逊记载，仅仅在几天的时间里，史迈士就搜集到了一百多个暴力案例，绝大多数是强奸。对于满目疮痍的南京城，威尔逊触目伤怀，1938 年 2 月 5 日，威尔逊这样描述：“无论我们走到难民营附近的任何地方，人们都跪着乞求我们救救他们。一些人说他们宁愿死在难民营也比回家去遭受日本兵的蹂躏强。”

暴力事件还在不断发生，2 月 8 日，威尔逊详细记录了几个被日军暴力致伤的病例。

一个六口之家下午5点回到家中后，一个日本兵闯进来企图强奸这家的主妇。有人找来了宪兵，宪兵来后带走了这名士兵。当天晚上，这个日本兵带了几个同伙冲进这户人家，杀了全家六口人。另：有目击者看见一个中年男子从一栋住房里搬出两把椅子时，当场被日本兵当作抢劫者射杀。他的妻子和两个朋友出来抬他时也被当场射杀。这个事情我们的人可以证实，因为他们看到了尸体。另：一个中年纺织工人几天前来到了安全区，一个月前他曾被日本人带走并且为他们做工。前天他和两个朋友沿着马路向汉中门方向走，一个日本士兵站在马路对面的一个土堆上喝住他们，并用手势比划让他们返回。他们转身往回走了大约三十码，日本兵开枪，纺织工的胳膊几乎被打下来，到医院治疗时发现胳膊的受伤处几乎被打碎，除了进行肘部以下的截肢没有任何的办法了。

……下午一个脸部严重烧伤的妇女来求治。遵照日本人的命令，这名妇女四天前返回家中。几个日本兵突然闯进她家向她要姑娘。她仅有两个女孩，一个11岁，一个12岁。由于不能满足日本士兵的需要，他们就纵火烧了她的房子，11岁的女孩被活活烧死在屋中。

2月10日，医院外科手术病人的比例迅速上升，等待威尔逊做手术的有100人。3月2日，威尔逊在医院里度过了繁忙的一天。威尔逊先后进行了查房，“两例腹部手术”，“为患者拔了一颗牙”，“包扎了一个臀部人形绷带”，直至晚上7点半，他才忙完这些事。3月6日，威尔逊“继续不时接到因日军各种各样暴行而产生的病例”，在治疗的外科伤病人员中，一个老年男子的经历着实让威尔逊同情。

> 这个老人因与家人失散而留了下来。日本兵每天都来向他要姑娘，要家畜。2月13日几个日本兵对于他的无能为力感到很生气，就把他绑起来吊在离地面3尺左右的地方，解开他的衣服，在下面生起一堆火烧他。火焰烧掉他腹部以下和大腿以上所有的皮肤，部分胸部和胳膊的皮肤也被烧坏，头发也烧焦了。一个日本兵看他上了年纪，生出一点恻隐之心，把火扑灭了，但是没有放他下来。日本兵离去后他的家人把他救下来，他已经被折磨了一个多小时。18天后他设法来到医院。

3 月 20 日，鼓楼医院又像往常一样人满为患。在日军的第二波暴行下，大多数都是外科伤员，威尔逊再次回到大屠杀期间夜以继日地工作中。

除了外科伤员急救，威尔逊还需要处理传染病、性病、脚气病等疾病问题。1937 年 12 月 13 日日军进城后对中国女性进行了大规模的性暴力，她们不仅遭受了巨大的身体折磨，而且许多人染上性病。性病往往感染一段时间才会出现症状，到 1938 年 2 月，性病已经成为一个严重问题。1938 年 2 月初，威尔逊接治了大批患有不同程度性病的妇女。这些受害者年龄在 16 岁到 30 岁，她们都是些面容姣好的女子，但由于遭到不断的强奸，她们都染上性病。所有的人都有淋病，大部分人还有梅毒，以及很高比例的软性下疳。每次，威尔逊在诊室里目睹这样的场景都心碎不已。

据 1938 年 2 月 17 日《南京救济形势》的记载："遭到强奸女性可能会感染性病，这是目前的一个严重问题。人们希望我们能够迅速扩展足够的诊所服务来治疗性病，并且希望能够得到免费治疗。"大量的性病患者让威尔逊触目惊心，1938 年 3 月 2 日，威尔逊以讽刺的口气斥责日军的人性泯灭："早上在我的妇科病房里我首要地关心这频繁强奸的后果，淋病和梅毒病例很多，

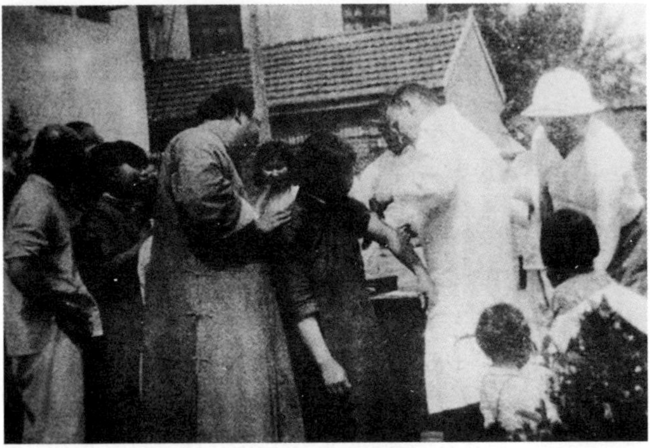

威尔逊为难民注射疫苗

我认为整个日军都被性病感染了。”

由于难民区卫生条件恶劣，加上冬春交际，各类传染病，如麻疹、猩红热、天花等开始出现。于是，鼓楼医院发起了一场防疫运动，共给 16265 名市民注射天花疫苗，还给 12000 多名市民接种伤寒、霍乱疫苗，威尔逊亲自赶赴各个难民区为难民注射疫苗。由于预防及时，传染病防治取得了成效。据《南京国际救济委员会报告书》记载：“难民中一般的死亡率虽高（儿童尤甚），然尚无严重病症之流行。脚气病、痧子、猩红热之患者固多，然就当时局面而论，死亡者尚少也。”

南京沦陷时期，难民常常食不果腹，只能以大米充饥，营养不良是不足为奇的。1938年2月4日，威尔逊第一次看到了“因为单纯营养不良而产生的两例脚气病的病例”。到2月6日，出现了多例脚气病病例。为了预防脚气病，医生建议用蚕豆作预防食品。2月6日，史迈士电告在上海的费吴生，求购药品和蚕豆。

上海救援南京组织计划于2月14日由“万通”号轮船运送100吨蚕豆到南京，但蚕豆的运输和发放遭到日军的阻拦。威尔逊就蚕豆的运发事宜与日方商洽，2月12日，威尔逊致函南京自治委员会的王承典：“我们请求贵委员会为我们运进这批货物，并取得许可证，将这批货物寄存在贵委员会的仓库里。这些蚕豆应该免费分发给南京的穷人和有困难的人。”经过不断斡旋，2月下旬，蚕豆问题终于解决。

在日军大屠杀的六周内，日方拒绝任何医生的进入，日本军方对外宣称：“南京各医院的状况令人满意，病人在不断减少，病人在日军控制的医院里受到了适当的照顾，因此不需向那里派遣医护人员。”1938年2月以后，南京形势有所好转，在南京外籍人士的持续呼吁和国际舆论的压力下，日军允许外籍医生进入南京。柏睿德于1938年2月返回南京，协助威尔逊。1938年3月8

栖霞寺难民所内的难民

日至 11 日，威尔逊在栖霞山度过了三天假期。3 月 8 日，到达栖霞山后，他看到了被日军屠杀、掠夺后的村庄的凄凉："村庄都被抢夺一空，村中仅有几间房屋还残留在那里，一些流浪猫是仅有的居住者。后来一些胆大的男子开始偷偷溜回村里，并且在他们的耕地里开始为未来耕作。水泥厂有一百多头水牛，这些千余头水牛中的'幸存者'是农民耕地时唯一能用的畜力。没有人知道春耕如何进行，要是有办法，耕作早该开始了。"

这次休假并未让威尔逊得到放松，与威尔逊一同来栖霞山的还有辛德贝格(Bernhard Arp Sindberg)、京特(Dr. Karl Günther) 和 3 名中国护士，他们在这里开设了一个小医院和急诊室，威尔逊主动参与其中。为了对难民的情况多点了解，威尔逊还四处走访难民区，为病人提供医疗咨询。

1938 年 4 月，无锡圣安德烈医院的李医生和另外一名医生得到日军允许，来到南京。这时，医院里除了威尔逊外还有 3 个外科医师，柏睿德医生和两名中国人。此后，鼓楼医院的医生们纷纷开始离开南京休假，而威尔逊却坚持留下继续工作。由于过度操劳，威尔逊尽显疲态。1938 年 6 月，威尔逊离开南京赴上海修养。

威尔逊到达上海公共租界时，说过这样一句话："这是多好的一件事，中国人又可以在这里昂起他们的头颅!"在休假中，威尔逊应福斯特的请求，对他在战争以来的工作写了一份声明，兹将全文摘录如下：

上海，6 月 18 日：

自从去年 9 月，这是我第一次有机会离开南京。我遵照请求，写下如下情况，收信人可能会觉得有兴趣。

大学医院，大家都知道，从去年冬天到今年春天，在整个艰难时期保持着开放状态。安全区委员会，这个机构是保证医院开放的主要因素，该机构是留在南京的14位美国人和5位德国人组织的。没有他们，我们会不知所措。

中国员工，特别是医生，在11月份开始，一般都在12月初离开，我们对他们非常失望，而且为他们抛弃工作而难过。我们原以为当占领城市完成时，纪律很快就会恢复，医院就能够正常运转，只会略有不便。我们预见那时会非常需要医院，因为很多人必然会留在南京。

在头几周，当整个恐怖形势表露无遗时，我的态度发生了转变，我为中国同事感到欣慰，他们不会亲眼目睹他们城市里发生的耻辱和强奸，他们也不会成为受害者。

在一些护士的帮助下，我们才能够开展工作。她们或是留下来，或是被困在南京，或是从南京与上海之间的地方逃到这里。我们真诚地说上帝一直很眷顾我们。

威尔逊的上述声明，正是他内心感情的最佳流露。

作为一个“中国人”，威尔逊自然十分关注中国抗战事业。1938 年 1 月 6 日，威尔逊对中国战况充满担心：

> 日本人沿着津浦线向北推进，妄图占领该线与陇海线的交通枢纽徐州。他们已经占领了济南和泰安，也从北面向徐州迫近。中国军队的主力正准备西进，显然战事没有停歇的任何迹象。从我们在这儿所见到的来看，很难想象中国人能拿什么让军队来用。

尽管战争前景很暗淡，但他还是对中国抗战寄予厚望。在知道《时代》杂志 1 月 3 日推选蒋介石和宋美龄为“年度夫妇”的消息后，威尔逊表达了自己的心声：“我们多么希望他们能继续抵抗并赢得胜利。”1938 年 4 月，当中国军队取得台儿庄大捷后，他更是感到无比欣慰。他写道：

> 我深深为战争消息逐渐地对中国越来越有利感到高兴。中国人在日本的统治下没有任何希望，看来他们意识到了这一点，因此仗打得比以前好多了。在山东南部的战斗是一场真正的战斗。中国人以前

想要放弃位于津浦和陇海铁路交汇点上的徐州，不准备战斗，但现在与日本的战斗已经坚持了两个月之久了，并且明显地在阻止敌人前进方面取得成效。

与这形成鲜明对比的是，威尔逊对1938年3月28日在南京成立的傀儡政府——“中华民国维新政府”充满了鄙视：

至于南京的新政权，甚至这里的仆人也嘲笑他们。上个星期新政权通过日本人之手举行了就职典礼，然后每个成员都返回上海。他们全力吹嘘的欢呼新政权成立的群众游行也是一个令人啼笑皆非的事情，为了这个目的，大批警察驱赶着一些人进行游行。

威尔逊是一名医生，同时也是一个丈夫、父亲。因此，在整个留守南京期间，威尔逊内心交织着复杂的情感：当他送别妻子、女儿，服务于南京的难民时，其父亲、丈夫的角色只能暂时隐身，但深埋内心的亲情时时刻刻勾起威尔逊对她们的牵挂。威尔逊经常会不自主的想念女儿，如1937年10月28日，他在日记中吐露：“今天伊丽莎白 4 个月大了，她的爸爸看来不太可能在今后几个月能见到她。”在南京大屠杀期间，威尔逊的这种思念之情更加迫切：

> 1937 年 12 月 28 日：今天伊丽莎白 6 个月大了。我现在希望能和她及马乔里在一起庆祝。只是在想她可能现在正磨牙呢，正在做一些我没见过的事呢。我们在这 6 个月里只有 7 个星期待在一起，似乎没有明确的迹象显示这儿的情况会在短时间内安定下来。

12 月 30 日，新年将至，威尔逊却只能感伤：“即使我努力了，我也离我的家人不能再远了。”面对家庭分离的事实，家庭信件成为威尔逊的情感寄托。威尔逊每次收到家信，都会感到很幸福；一旦家信耽搁，他都会迫不及待。从以下两则日记中，我们可以感受他的内心情感。

> 1938 年 1 月 8 日：今天中午我到家的时候，发现一封标有“重要，紧急”的大使馆来函。它是马乔里给我的圣诞和纪念日贺卡……收到这些信感觉

真是好，特别让人高兴。我的脑海里一直萦绕着三个问题，她们在哪里，她们在干什么以及我们什么时候又能在一起。到现在为止，伊丽莎白应该长出第一颗牙了，她一定在用它试每样东西。我希望她很快能断奶。

1938 年 1 月 28 日：家里的信是 10 月 25 日和 12 月 23 日的，马乔里的信是 11 月 20 日和 25 日寄的。自从马乔里 10 月 13 日抵达美国后，这是我头一回收到她的片言只语，除了圣诞电报以外。一定有不少信在什么地方给耽搁了。我不得不从字里行间把许多事情连贯起来，与同时发生在这里的一切相对应。宝宝（伊丽莎白）似乎来索要她的那份关爱，我猜想她的爸爸将来某天将不得不挽着她的手，以免她被宠坏。

显然，威尔逊对家人的思念之情跃然于纸上，其字里行间也流露着他作为一个丈夫、父亲不能陪伴妻儿的愧疚之情。1938 年 5 月威尔逊写信给马乔里，希望她和女儿能在南京。

同样地，远在美国的马乔里也无时无刻不在牵挂威尔逊。1937 年 12 月 28 日，马乔里在给加西德（B.A

1940 年 8 月，鼓楼医院同事送别威尔逊一家的合影

Garside，中国基督教大学董事助理、行政主管）明信片中表露：“当南京陷落时，我的确度过了一段可怕的日子。我为威尔逊感到骄傲。我希望能和他在一起。”1938 年南京局势稍微缓和后，马乔里多次向朋友表示要回南京。1938 年 9 月 26 日，她致加西德的信中说：“我们两个都不开心，威尔逊生无所恋，一心梦想着与我们能再次团圆。”由于日军的封锁，直到 1938 年年底，马乔里才冲破重重阻力带着女儿伊丽莎白回到南京，与威尔逊团聚。在纷飞的战火中，他们经历了长达一年半的分离，

南京国民政府授予威尔逊医生的勋章

终于又聚到一起，但浩劫后的南京已不复往日的时光。

1940年下半年，威尔逊在鼓楼医院5年的任期结束，1940年8月份，威尔逊与家人回到美国。在此之前，为了表彰威尔逊为南京所做的一切，国民政府代表来到南京，为他和当时留在南京的外籍人士颁发了襟绶景星勋章。

东京首证

威尔逊在远东国际军事法庭上作证

1945年8月15日，日本天皇颁布诏书，宣布无条件投降，历时八年的抗日战争结束。随后，盟军进驻日本。1946年1月19日，根据盟军最高统帅麦克阿瑟颁布的特别声明与法庭宪章，远东国际军事法庭成立。对于日本军队进行野蛮的南京大屠杀的犯罪行为，法庭决定以“南京大屠杀事件”的名义进行审判以伸张正义。为此，在南京大屠杀期间作为亲历者、目击者和受害者的中国平民，以及留在南京的外籍人士纷纷被召集到日本，作为证人来揭露日本军队的野蛮暴行。威尔逊就是在这时候来到东京的。

1946年5月3日，远东国际军事法庭日本战争罪行审判（简称东京审判）在日本首都东京开庭，1948年11月12日闭庭，历时两年零7个月。东京审判由11国家的法官组成，审理了28名战犯，吸引了20万旁听者，419名证人。公开开庭818次，审讯的文字记录多达49000页，1000万字，其中包括779份口供及对这些口供的逐项裁定，还有4336件物证。判决书长达1231页。这次审判是人类历史上规模最大、时间最长的一次国际审判。

1946年6月18日，威尔逊自美国抵达东京，出席战犯审讯法庭。和威尔逊一起站上证人席的中美人士

威尔逊在远东国际军事法庭上作证

共8名，其中美国人还有贝德士、约翰·马吉，被威尔逊救治存活下来的梁庭芳、伍长德也站上了证人庭。6月22日，在东京法庭国际检察处检察官休谟（John F. Hummel）少校的见证下，威尔逊在东京提交了书面宣誓证词，编入国际检察处文件，编号为2246。他在东京审判书面证词中写道："本人罗伯特·威尔逊，首先进行宣誓，然后作证如下：……南京失守前一天，大学医院的病人减少至50人。12月13日日军入城后不久，送往鼓楼医院救治的平民人数急剧上升。在随后的几天里，鼓楼医院人满为患，不堪重负……日军针对城中平民的暴行在持续六周多后才开始减退……我保证以上所述完全属实，1946 年 6 月 22 日 威尔逊大夫。”

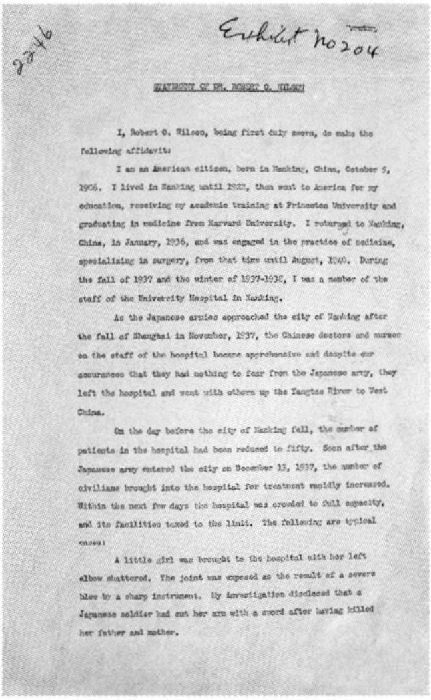
2346

Exhibit No 204

STATEMENT OF DR. ROBERT O. WILSON

I, Robert O. Wilson, being first duly sworn, do make the following affidavit:

I am an American citizen, born in Nanking, China, October 5, 1906. I lived in Nanking until 1922, then went to America for my education, receiving my academic training at Princeton University and graduating in medicine from Harvard University. I returned to Nanking, China, in January, 1936, and was engaged in the practice of medicine, specializing in surgery, from that time until August, 1940. During the fall of 1937 and the winter of 1937-1938, I was a member of the staff of the University Hospital in Nanking.

As the Japanese armies approached the city of Nanking after the fall of Shanghai in November, 1937, the Chinese doctors and nurses on the staff of the hospital became apprehensive and despite our assurances that they had nothing to fear from the Japanese army, they left the hospital and went with others up the Yangtse River to West China.

On the day before the city of Nanking fell, the number of patients in the hospital had been reduced to fifty. Soon after the Japanese army entered the city on December 13, 1937, the number of civilians brought into the hospital for treatment rapidly increased. Within the next few days the hospital was crowded to full capacity, and its facilities taxed to the limit. The following are typical cases:

A little girl was brought to the hospital with her left elbow shattered. The joint was exposed as the result of a severe blow by a sharp instrument. My investigation disclosed that a Japanese soldier had cut her arm with a sword after having killed her father and mother.

东京法庭确认有效的威尔逊书面证词

据担任过东京远东国际军事法庭检察官秘书的高文彬教授回忆，威尔逊医生是第一个出庭作证的。7 月 25 日，该证词作为起诉方第 204 号证据被法庭接受。当天，威尔逊作为南京大屠杀案起诉方的第一位证人出庭作证。在法庭上，威尔逊作为一个当初的中立国国民，以亲身经历和所目睹的事实提供了日军在南京所犯罪行的直接证据。证词主要内容如下：

1．1937 年 12 月 12 日晚上，中国军队的所有抵抗都已经停止，这说明南京沦陷后平民的大量伤亡并非两国交战所致。

2．1937 年 12 月 13 日日军进城，就在几天之内，医院迅速挤满了各个年龄段的男女老少，伤势不一，伤势全部出自日军之手。大屠杀期间，医院床位天天爆满。

3. 威尔逊救治的患者，有 40 多岁的妇女；有 8 岁的儿童；有六七十岁的老人；有被日军强奸患上性病的少女，有强奸致伤的妇女；有日军集体屠杀下死里逃生的前中国警察、放下武器的士兵和普通百姓。他们有的脖子几乎被砍断，有的身体各处受伤，有的被浇上汽油烧。这充分证明了日军对南京城内难民的屠杀不分老幼，不分性别，手段残忍，方式多样。

4. 大规模的屠杀、强奸、纵火、抢劫在南京沦陷后持续大约 6—7 个星期。

5. 日军占领南京后，鼓励鸦片和其他麻醉片的生产、销售。

1946 年 7 月 26 日，《申报》对威尔逊出庭历述日军南京大屠杀暴行进行了专文报道：

〔联合社东京廿五日电〕美加州亚凯第城医师威尔森曾悬壶南京，今日在国际法庭叙述日军于南京大屠杀时，对妇女刀戳枪刺，凌辱万状，更将居民活焚，又追述一九三七年十二月十三日日军攻陷南京时，一大学医院之中国医生看护如何逃逸，日军如何暴行百出，致医院伤者满室，日军如何枪刺行人，如何对无辜平民唾吐掴频，及迭次凌辱大批居民后，惨加屠杀。经六星期以上，日军在南京对平民所施残酷行为，始渐减少。

对于威尔逊的作证，被告的辩护律师们极力企图从中找到漏洞，威尔逊给予了有力反击。1946年7月26日，在威尔逊陈述结束后，是法庭规定的质证时间。被告武藤章的辩护律师冈本正一首先发难。他想用误导的提问方式造成威尔逊证言的前后矛盾，以降低其公信力。以下是法庭质证笔录的摘录：

冈本：当时你的医院里有170张床位，是吗？

威尔逊：床位通常是180张（注：这是此前威尔逊证言中提到的数据）。

冈本：由于翻译有误，我想指出一个病例。你提到一位40多岁的妇女，脖子上有伤，肌肉被砍，以至于松松地耷拉下来。是什么原因呢？

威尔逊：被日军的军刀所伤（注：这是威尔逊详细描述过的）。

冈本：是不是也被弹片所伤呢？

威尔逊：那时没有。在那年秋天即9月和10月，我们遭到了空袭，就收容了很多遭受弹片伤害的病人。但在那时候，我指的是南京陷落时，未发生战斗。

威尔逊的这一反击，使被告律师把伤害原因归咎于中日双方交战上，从而推卸大屠杀暴行罪责的图谋破灭。

随后，松井石根的律师伊藤明又想要用自己临阵补来的医学常识做文章，就更显得班门弄斧了。

伊藤：由于我昨天未听清楚你的证词——我不懂英语，我才问你这个问题。你说一个中国妇女被日本兵强奸，两个月后出现了二期梅毒的症状，是不是这样？

威尔逊：是的。

伊藤：谢谢你。根据我的观察——当然我是个外行，可能所说不对——梅毒二期症状要在感染3个多月才会出现，是吗？

威尔逊：那是三期症状。

伊藤：从理论上来说有区别吗？我看到的书上说的是3个月。

威尔逊：我不知道你说的是哪一本书。据我观察，感染后6个星期到3个月都是发病期。

伊藤：无论如何，根据我看的书，我只能得出结论——既然要花3个月的时间才能出现症状，那么，这位妇女就不可能是由两个月前日本士兵的强奸所感染的。

威尔逊：你有坚持你的观点的权利，我也一样。

这一问一答间，坐实了日军南京奸淫暴行的证据基础。

南京大屠杀案的主犯华中方面军司令松井石根在接受审判时，极力逃避南京大屠杀的责任，称："日军攻占南京时，我正在苏州卧病在床；而且我只在南京待了五天，就离开了；作为华中方面军的司令官，我对前线的官兵没有直接的指挥权。"对于自己部队犯下的罪行，松井石根设法推卸，狡辩道："作为华中方面军的总司令，我被赋予对所辖的两个军发布命令的权力，但我没有直接处理这两支军队的纪律和道德问题的特权。"其更是矢口否认南京大屠杀的规模："我对于起诉方文件中所说的'南京之战中的有计划的屠杀'之说不敢苟同。很显然，文件中所述的'关于日军下令，并放任屠杀的行为'只能是诽谤。"

尽管松井石根企图设法逃避罪责，但在威尔逊等

松井石根（左 2）在宪兵押解下走上被告席

人出庭作证、回答质证和书面证据的指控中，松井石根的辩解显得苍白无力。法庭指出："虽然日本目击者否认暴行的规模，但是来自不同国籍的中立目击者提供的相反的证据与不容置疑的谁应承担责任的证据却是压倒性的。"

最终，远东国际军事法庭判决松井石根有罪："法庭认为有充分证据显示松井石根知道正在发生的事情……他既有权力，也有义务控制住他的军队和保护不幸的南京市民。他必须为他的渎职行为承担刑事责任。"

松井石根被处以绞刑。

根据一系列证据，法庭在有关南京大屠杀的判决书中，清楚地写明了日军的种种暴行：

> 在日军占领南京城的最初两至三天中，至少有12000名非战斗人员——男女老少死于这种不分青红皂白地滥杀。
>
> 有许多强奸案例。无论是受害者还是试图保护受害者的家庭成员只要有反抗，死亡是很寻常的惩罚。在全城众多的少女和老妪被强奸。伴随强奸，还有许多变态和虐待狂的事例出现。许多妇女在被强奸后遭杀害，尸体也被毁坏。被占领后的第一个月中，南京城里发生了将近2万起强奸案。
>
> 日本士兵随意抢夺他们想要的任何东西。随处可见士兵们在路上拦住没有武装的市民搜身，找不到值钱的东西就开枪打死他们。许多民宅和店铺被非法闯入和遭抢劫。抢劫所得被用卡车装走。抢劫完商店和货栈后，太平路——南京最繁华的商业街道，以及这座城市其他成片的商业区被大火烧毁。士兵们无故地焚烧市民的家。几天后，这样的纵火似乎成了一种固定的模式，并持续了六个星期。大

约 1/3 的城市就这样被毁掉。

大规模、有组织地屠杀男性市民，显然是在指挥官的同意下进行的，借口是中国士兵褪下军装混迹在平民中。成批的中国市民被列队，反绑着双手，步行到城墙外，在那儿他们被用机枪扫射和刺刀捅死。有 2 万多名处在兵役年龄的中国男子被用这种方式杀害。

在南京城外，有大批的中国士兵放下武器并投降。他们在投降后的 72 小时内，被用机枪屠杀于长江岸边。大约 3 万多名战俘被这样杀戮，对于这样被屠杀的俘虏，甚至连任何假装的审判都没有。

没有任何托词可以为日军的野蛮行为辩解——南京并不是一个被长期坚守的阵地，最终投降，一时失控的士兵导致了暴行。大规模的强奸、纵火、谋杀在南京陷落后至少持续了六个星期，在松井和武藤进城后至少还持续了四个星期。

历史记忆

威尔逊工作的鼓楼医院，今鼓楼医院机关楼

1940 年 8 月威尔逊回到美国后，定居在加州的阿卡迪亚。不久，威尔逊报名参军，在珍珠港事件爆发三天后，即 1941 年 12 月 11 日，威尔逊接到命令，担任美军医疗队队长前往巴拿马。这场战争又让威尔逊与家人分开了四年半，这中间，威尔逊只在家待过短暂的几天。第二次世界大战结束后，威尔逊回到阿卡迪亚开办了一家诊所，后来又主持创办了当地最大的医院。

从某种意义上来说，威尔逊也是日军暴行的受害者之一。1937 年 12 月 18 日，威尔逊曾遭到日军士兵的手枪威胁；12 月 21 日中午，则差一点被枪杀了。据威尔逊的妻子马乔里晚年回忆，当安全区委员会其他成员安排时间，每周至少有一次时间补回睡眠时，威尔逊却一刻不停地工作。白天，手术占据了他几乎全部时间，晚上，睡眠则经常被打乱，他被叫出家门，阻止日本士兵的暴行。他不得不依靠肾上腺素来支撑自己的工作。1938 年 6 月，威尔逊身体状况已经完全不允许他再工作下去，不得已他才去上海休假。但是，一次休假几乎无助于他已经超负荷运转达半年之久的身体了。

令我们遗憾的是，在南京生活了长达 20 余年的威尔逊，再也没有返回中国，也许是他不愿再想起南京那场浩劫。在南京的那段惨痛的经历，深深埋藏在他内心深处，以至于让他始终没有从紧张状态中完全恢复过来。和魏特琳一样，威尔逊也长期遭受PSTD（Post-traumatic stress disorder，创伤后压力心理障碍症）疾病的折磨。1967年11月16日，疾病缠身的威尔逊在美国家中病逝，享年61岁。

与其他留在南京的外国人士相较，南京大屠杀期间，身为外科医生的威尔逊，对患者实施的是最直接的生命救治。不难想象，在南京大屠杀的黑暗日子里，在惨遭屠戮肆掠的南京城中，如果没有威尔逊医生，那些身受重伤的难民，除了痛苦等待生命的终结别无他途。威尔逊救治了这些受害者，既为战后揭露日军暴行留下了重要的人证，也为非常时期的南京民众带来了生的希望。

对于威尔逊在大屠杀期间的贡献，中外人士看在眼里，记在心里。费吴生1937年12月17日的日记中就曾记述道："医院迅速挤满日军残忍和兽性的牺牲品。威尔逊，我们唯一的医生，手肿了还得工作到夜深。"日军进城后被威尔逊收留在医院充当医务人员的周纪穆更是将威尔逊比做"白求恩"，"威尔逊医生作为一个美国人，冒着生命危险，在难民医院为中国伤病员夜以继日地开刀、动手术，全部免费，分文不取。如果说白求恩医生为中国的抗日战争牺牲了生命，值得中国人民纪

威尔逊工作的鼓楼医院，今鼓楼医院机关楼

念，那么威尔逊医生也可以称得上是一位白求恩式的美国医生，中国人民应该永远纪念他”。

我们相信，岁月的流逝无法抹掉历史的记忆，威尔逊的故事将会一直萦绕在我们的脑际，南京也永远会铭记这位“白求恩”式的白衣天使。从威尔逊身上我们感受到了巨大的力量，这种力量来自于高尚的职业道德，来自于对中国人的深厚感情，这种力量闪烁着人性的光辉，值得我们敬仰和怀念。

主要参考资料　MAIN REFERENCES

1. 张宪文主编:《南京大屠杀史料集》,江苏人民出版社、凤凰出版社 2005 年版。

2. 朱成山主编:《海外南京大屠杀史料集》(10),南京出版社 2007 年版。

3.[日]笠原十九司著,李广廉、王志君译:《难民区百日——亲历日军大屠杀的西方人》,南京师范大学出版社 2005 年版。

4.[美]张纯如著,杨夏鸣译:《南京浩劫:被遗忘的大屠杀》,东方出版社 2007 年版。

5. 汤道銮主编:《黑夜里的烛光——拉贝与南京安全区国际救援研究》,南京大学出版社 2010 年版。

6. 张宪文主编,姜良芹编著:《日本侵华图志》第 25 卷《投降与受审》,山东画报出版社 2015 年版。

7. 张珊珊:《罗伯特·威尔逊与南京大屠杀事件研究》,南京大学硕士学位论文,2013 年。

8. 大型电视纪录片《外国人眼中的南京大屠杀》第五集《罗伯特·威尔逊:为南京缝合创伤》,江苏省广播电视台出品,江苏音像出版社出版发行。

9. 翟亚柳选译:《威尔逊医生关于南京大屠杀日记选译(1938 年 2 月 5 日至 4 月 24 日)》,《中共党史资料》2007 年第 4 期。

10.http://www.njglyy.com/about/2.asp

11.http://www.njglyy.com/news/detail.asp?newid=2074